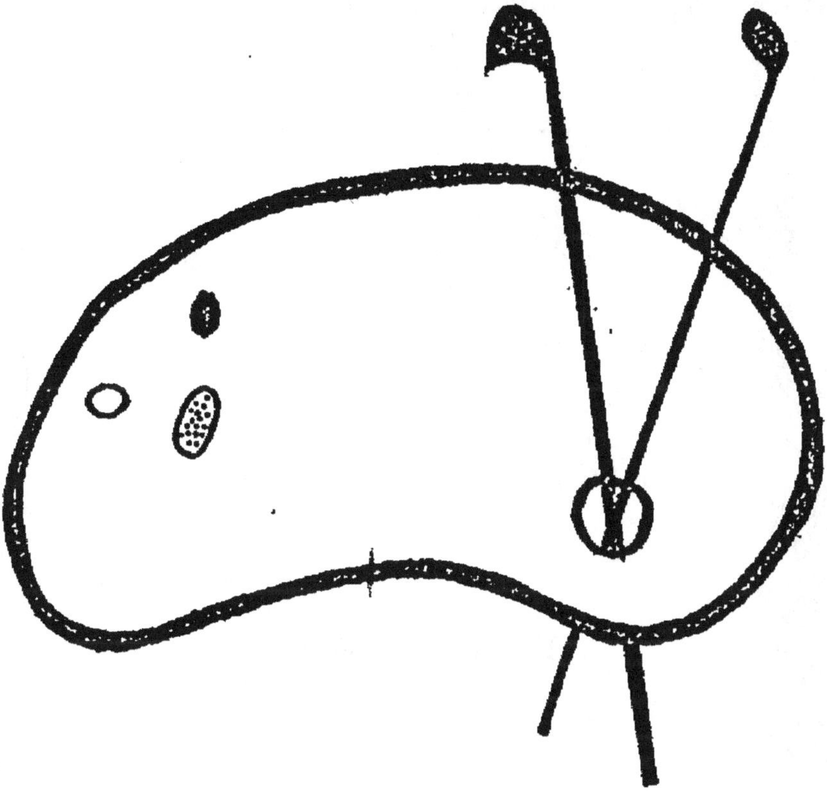

**COUVERTURE SUPERIEURE ET INFERIEURE
EN COULEUR**

BIBLIOTHÈQUE DE LA JEUNESSE CHRÉTIENNE
5ᵉ SÉRIE

EDMOND

OU

LES TRIBULATIONS D'UN MENTEUR

PAR

FRÉDÉRIC KŒNIG

TOURS
ALFRED MAME ET FILS, ÉDITEURS

BIBLIOTHÈQUE DE LA JEUNESSE CHRÉTIENNE. — 3ᵉ SÉRIE.

Adèle.
Adrien Blondeau ou les tribulations de la vanité.
Albertine et Suzanne.
Alexandre ou la peste de Marseille.
Ange de Charité (l').
Angèle.
Apolline, par Mme V. Vattier.
Aventures (les) du cousin Jacques, par Just Girard.
Berthe et Fanny.
Bianca l'Esclave, par Mme A. Grandsard.
Bergère de Beauvallon (la).
Blanche et Isabelle.
Cloche cassée (la).
Clotilde de Bellefonds.
Comtesse de Mercœur (la).
Demoiselles d'Héricourt (les).
Écolier vertueux (l').
Edmond ou les tribulations d'un menteur.
Élise et Céline.
Émilie et Claudine.
Expéditions portugaises aux Indes Orientales.
Fille du Chancelier (la), par Mme A. Grandsard.
François, par Just Girard.
Gaetano, par E. Bossuat.
Génie de Buffon.
Hélène, par Mme Grandsart.
Henriette de Saint-Gervais, par Mme de la Rochère.
Hermance.
Jean-Pierre.
Laurent et Jérôme.
Leçons d'une Mère (les).
Léon et Alice.
M. Gendrel, ou le Travail c'est la santé, par Ét. Gervais.
Madone de la forêt (la).
Manoir de Rosven (le).
Mathilde et Marthe.
Odette.
Passeur de Marmoutier (le), par Just Girard.
Paul Davadan.
Père Tropique (le).
Périne.
Petit Homme noir (le).
Pierre Chauvelot, par Just Girard.
Pierre Reboul.
Pieuse Paysanne (la).
Recueil de contes moraux à l'usage des jeunes filles.
Sabotier de Marly (le).
Scènes instructives et amusantes, par Léon Forster.
Secret de Madeleine, par Marie-Ange de T***.
Sidonie, par Mme V. Vattier.
Souvenirs de Charité.
Souvenirs des temps Mérovingiens, par J.-J.-E. Roy.
Souvenirs du Sacré-Cœur de Paris.
Théodule.
Thérèse ou l'Expiation, par Marie-Ange de T***.
Trois Nouvelles, par l'abbé Paul Jouhanneaud.
Turenne (histoire de), par l'abbé Raguenet.
Une Famille Créole, par Just Girard.
Une Vertu par Histoire, par Mme Th. Midy.
Vacances à Fontainebleau (les), par Mme C. Lebrun.
Vengeance Chrétienne (la).
Voyages dans l'Hindoustan, par E. Garnier.
Voy. et Découv. en Océanie, par N.-A. Kubalski.
Yvonne, légende bretonne.

BIBLIOTHÈQUE

DE LA

JEUNESSE CHRÉTIENNE

APPROUVÉE

PAR MGR L'ARCHEVÊQUE DE TOURS

4e SÉRIE IN-12

PROPRIÉTÉ DES ÉDITEURS

Le cocher comprit ce signe,
qu'accompagnait une pantomime suppliante. (P. 92.)

EDMOND

OU

LES TRIBULATIONS D'UN MENTEUR

PAR

FRÉDÉRIC KŒNIG

TOURS

ALFRED MAME ET FILS, ÉDITEURS

1877

EDMOND

PROLOGUE DIALOGUÉ

Le père Gervais, vieillard de soixante-cinq à soixante-dix ans;

Michel et Jules Levergier;

Paul, Louis et Prosper, leurs camarades, jeunes adolescents de douze à quinze ans.

La scène se passe dans le jardin attenant à la maison de M. Levergier, où les enfants s'amusent à différents jeux, lorsque, apercevant le père Gervais qui vient d'entrer dans le jardin, ils courent à sa rencontre en sautant de joie et criant :

« Ah ! voici le père Gervais ! Bonjour,

papa Gervais ! Voulez-vous nous raconter une histoire ? »

Le père Gervais, après s'être avancé en souriant au milieu de la bande joyeuse, s'arrête en s'appuyant des deux mains sur sa canne à bec-de-corbin.

« Je veux bien, mes enfants, vous raconter une histoire ; mais auparavant répondez à cette question : A-t-on été bien sages ?

Tous ensemble. Oui, oui, nous avons été sages, très-sages, on ne peut plus sages.

Le père Gervais. Bien sûr ? Vous ne mentez pas ?

Paul, Louis et Prosper, avec assurance. Non, non ; apprenez, papa Gervais, que nous ne mentons jamais.

Le père Gervais. Fort bien, mes enfants, je vous crois, et vous en fais mon compliment ; car c'est une bien vilaine chose que le mensonge ; mais je m'aperçois que Michel et Jules n'ont rien répondu à ma question : est-ce que par hasard ils ne pourraient pas, comme vous autres, affirmer qu'ils ne mentent jamais ? »

(A ces mots les deux frères baissent la tête en rougissant et en gardant un silence embarrassé.)

Le père Gervais, après les avoir observés un instant, reprend avec bonté : « Allons, je vois que vous avez honte du mensonge que vous m'avez fait hier, lorsque je vous ai rencontrés auprès de la rivière où vous veniez de vous baigner seuls, malgré la défense formelle que vous en avait faite M. votre père en ma présence; et quand je vous en ai fait l'observation, vous m'avez répondu avec une certaine assurance qu'il vous l'avait permis. Cela me paraissait fort extraordinaire, d'après la connaissance que j'ai de sa prudence. Cependant, comme je ne vous croyais pas capables de mentir, je me suis dit à part moi : Quand je verrai mon ami Levergier, je ne lui ferai pas mon compliment d'avoir si légèrement levé une défense aussi sage...

Michel, avec anxiété. Ah! mon Dieu, Monsieur, est-ce que vous auriez déjà dit à papa que nous nous étions baignés?

Le père Gervais. Non, car je ne l'ai pas vu depuis hier, et il n'était pas encore rentré lorsque je me suis présenté chez vous tout à l'heure, pour lui souhaiter le bonjour; mais j'ai appris d'autre part qu'il ne vous avait point accordé cette permission, et que, au contraire, il vous avait envoyés faire une commission à sa ferme de la Badoulière, en vous recommandant de suivre la route du haut à l'aller et au retour, et en vous défendant expressément de passer par la prairie et d'approcher de la rivière, afin que vous n'eussiez pas même la tentation de vous baigner. Vous n'avez exécuté qu'à moitié les ordres de votre père : vous êtes bien allés à la Badoulière par le chemin du haut, mais vous en êtes revenus par le chemin des prés, et vous vous êtes baignés près de l'endroit où je vous ai rencontrés. Est-ce vrai. »

(Un « oui, Monsieur », bien bas et à peine articulé, est la réponse des deux frères.)

Le père GERVAIS, continuant : « Et remarquez que tout près de cet endroit est un gouffre dans lequel porte le courant, et où d'imprudents baigneurs, et même de bons nageurs, se sont noyés souvent. »

Cette révélation cause une sorte de stupeur parmi les jeunes auditeurs du père Gervais. Celui-ci continue sans paraître s'en apercevoir :

« Ce n'est pas tout : afin que l'on ne s'aperçût pas du retard que devait occasionner dans l'exécution de votre commission votre bain de contrebande, vous avez couru pendant presque tout le trajet, de sorte que vous étiez en nage quand vous vous êtes mis à l'eau, circonstance qui pouvait vous faire attraper une bonne pleurésie ou même une fluxion de poitrine capable de vous envoyer au cimetière en dix à quinze jours au plus. Le fait est que quand je vous ai rencontrés, votre aspect m'a effrayé : vous étiez blêmes, vos traits étaient décomposés, vos lèvres violettes, vos dents claquaient, et vous trembliez de tous vos membres. Ce que voyant, je vous ai engagés à courir et à vous donner du mouvement pour rétablir la circulation du sang. Vous avez suivi mon conseil, ce qui n'a pas empêché que vous étiez tellement pâles en arrivant à la maison, que votre mère en a été bouleversée. Alors vous lui avez fait je ne sais quel conte ; vous lui avez dit que la fermière vous avait fait manger des fraises à la crème, et que cela vous avait « barbouillé le cœur », ce sont vos propres expressions ; et la bonne Mme Levergier s'est empressée de vous faire du thé. Est-ce encore vrai tout ce que je viens de dire là ?

Michel. Oui, Monsieur ; mais il est vrai aussi que nous avions mangé des fraises à la crème, que nous avait données la fermière de la Badoulière. Seulement, quelques instants après être entrés dans l'eau, nous nous sommes senti un grand mal d'estomac, ce qui nous a fait presque aussitôt sortir de la rivière et reprendre nos vêtements. Nous achevions de nous habiller lorsque vous êtes arrivé auprès de nous.

Le père Gervais, avec vivacité. Comment ! malheureux enfants, vous veniez de manger des fraises à la crème quand vous vous êtes mis à l'eau ! Mais vous ignoriez donc que rien n'est plus dangereux que de prendre un bain après avoir mangé, surtout des aliments froids et indigestes comme les fraises à la crème ? Je ne suis plus étonné de l'aspect blafard et presque cadavérique que présentait hier votre visage. Savez-vous que j'ai vu mourir nombre de jeunes gens et même d'hommes faits et robustes pour avoir commis des imprudences moindres que les vôtres, car vous en avez fait là coup sur coup trois, dont chacune pouvait être mortelle : 1° d'être entrés dans l'eau froide tandis que vous étiez en sueur; 2° après avoir mangé des aliments lourds et indigestes; 3° et près d'un gouffre où vous étiez exposés à être engloutis. Aussi combien votre père sera douloureusement affecté lorsqu'il apprendra votre désobéissance et le danger auquel elle vous a exposés!

Michel, en joignant les mains d'un air suppliant. Oh! monsieur Gervais, je vous en conjure, n'en parlez pas à papa. Il nous punirait sévèrement, moi surtout, parce qu'il dirait qu'en ma qualité d'aîné j'aurais dû donner le bon exemple à mon frère et le retenir au besoin...

Le père Gervais, à demi-voix. Et il aurait raison.

Michel. Peut-être même supposerait-il

que c'est moi qui ai fait la proposition et qui ai entraîné Jules.

Le père GERVAIS. Ma foi, moi je ferais la même supposition, et je ne croirais pas me tromper.

JULES, avec vivacité. Pardon, Monsieur ! Non-seulement Michel ne m'a point entraîné, mais c'est moi qui ai fait la proposition de nous baigner, soit en allant à la Badoulière, soit en en revenant. D'abord il ne voulait pas, mais j'ai tant insisté qu'il a fini par céder ; c'est donc moi qui l'ai entraîné, et non pas lui.

Le père GERVAIS. Cela ne fait pas l'éloge de sa fermeté. Dans tous les cas, j'aime à vous voir défendre votre frère en vous accusant vous-même ; c'est la marque d'un bon cœur. Seulement je voudrais pouvoir vous croire sur parole; mais comme je vous ai déjà surpris à mentir, et qu'hier c'est vous qui le premier m'avez affirmé que votre père vous avait permis de vous baigner seuls, je n'ai plus en ce que vous dites la même confiance qu'autrefois.

Jules. Eh bien, Monsieur, je vous promets que si vous ne parlez pas à papa de ce qui s'est passé, je ferai tout pour mériter de nouveau cette confiance que j'ai perdue.

Michel, vivement. Et moi aussi, Monsieur, je vous fais la même promesse.

Le père Gervais. Ah! voilà qui vaut mieux; et si j'étais bien sûr que vous tiendriez cette promesse...

Paul, Louis et Prosper l'interrompent en criant : Ils la tiendront! ils la tiendront! nous vous en répondons.

Le père Gervais, en riant. Ah! ah! ah! les bonnes cautions que vous m'offrez là! Dites-moi, mes petits gaillards, si j'épluchais soigneusement la conduite de chacun de vous, en trouverais-je un seul qui n'eût pas sur la conscience quelque peccadille plus ou moins grave, dans le genre de celle que je reproche à vos deux camarades?

Paul. (C'est un petit garçon de douze à treize ans, à la mine éveillée, ce qui ne l'empêche pas d'être le favori du père Gervais.) C'est possible, papa Gervais; mais songez donc que nous ne sommes pas ici à confesse, nous sommes en récréation. Quand nous vous avons vu entrer dans le jardin, nous nous sommes dit : « Bon! voilà le papa Gervais qui va nous régaler de quelque bonne et intéressante histoire tirée de son répertoire, qui en est garni d'un assortiment complet; » et, au lieu de cela, vous vous êtes mis à gronder ce pauvre Michel et ce pauvre Jules, qui en ont encore les larmes aux yeux. Eh bien, ils ont déjà été assez punis de leur faute, et ils viennent de vous faire une promesse qui doit vous désarmer. Nous nous joignons donc à eux pour vous prier de ne pas dénoncer leur petite escapade à leur père, et en même temps de ne pas nous priver de l'histoire que vous nous avez promise.

Le père Gervais. Je le veux bien, mais à deux conditions : la première, c'est qu'ils s'engageront formellement à ne plus désobéir à leur père.

Michel et Jules, ensemble. Bien volontiers ; nous vous promettons et nous vous jurons...

Le père Gervais, interrompant. Ne jurez pas, mes enfants ; il ne faut jamais faire de serment sans nécessité : ainsi le prescrit le deuxième commandement de Dieu. « Un honnête homme, » et je vous considère déjà comme des jeunes gens aspirant à ce titre, « un honnête homme, dit avec raison la Bruyère, n'a que sa parole ; son caractère jure pour lui. » Maintenant écoutez ma seconde condition : s'il vous arrivait désormais de commettre une faute quelconque, soit grave, soit légère, il faut me promettre de ne jamais essayer de la couvrir par un mensonge. Car alors si la faute est légère, on en ajoute une qui l'aggrave ; et si elle est grave, elle le devient bien davantage.

Michel et Jules. Nous le promettons, Monsieur.

Le père Gervais. Si j'insiste sur cette condition, c'est parce que je tiens à vous faire comprendre combien le mensonge est une chose odieuse, avilissante et déshonnête. Oui, mes enfants, le mensonge est en quelque sorte le marchepied et la base de tous les vices. C'est par lui que le calomniateur distille son venin, que le fourbe trompe ses dupes, que l'hypocrite cherche à en imposer par des apparences de vertu et de piété ; en général, il est bien peu de fautes que l'on serait tenté de commettre, si l'on ne comptait sur le mensonge pour les tenir cachées. Tenez, par exemple, lorsque hier vous avez formé le projet de désobéir à votre père, y auriez-vous songé si vous n'aviez eu en même temps l'intention de le tromper par un mensonge, en lui affirmant au besoin que vous n'aviez pas enfreint ses défenses ?

Jules. Cela est vrai, Monsieur.

Le père Gervais. Arrêtons-nous là. Mon intention n'est pas de vous faire un sermon ni une dissertation philosophique et morale sur le mensonge ; j'aime mieux vous raconter l'histoire que je vous ai promise.

Tous ensemble. Ah ! oui, oui, l'histoire ! l'histoire !

Le père Gervais. Seulement, pour que cette histoire ne soit pas hors de propos, ce sera celle d'un petit menteur que j'ai beaucoup connu autrefois, et qui a eu cruellement à souffrir des suites de la funeste habitude qu'il avait prise de ne jamais dire la vérité. Aussi puis-je donner pour titre à mon récit : *les Tribulations d'un menteur;* car il est à remarquer, mes enfants, que le mensonge cause fort souvent à celui qui s'y livre de fâcheux déboires, et que cette considération seule devrait retenir ceux qui s'abandonnent avec trop de facilité à ce vilain défaut. »

En disant ces mots, le vieillard alla s'asseoir sur un banc demi-circulaire placé à l'ombre d'une charmille. Les enfants se rangèrent autour de lui, et il commença en ces termes.

LES
TRIBULATIONS D'UN MENTEUR

CHAPITRE I

Le poisson d'avril.

Edmond Morel était fils d'un riche négociant de la rue Saint-Honoré, à Paris. A l'époque où mes affaires m'avaient mis en relation avec son père, Edmond pouvait avoir de douze à treize ans. La première fois que je me rencontrai avec cet enfant, ce fut à un déjeuner chez son père, où j'avais été invité à la suite d'une négociation assez importante et heureusement terminée à notre satisfaction mutuelle.

Je fus frappé de la physionomie intéressante du petit Edmond et de la rare intelligence qui brillait dans ses yeux ; mais je fus bien plus surpris encore en l'entendant causer sans cesse, à tort et à travers, et avec l'aplomb d'un homme de trente ans. Son langage, du reste assez correct, n'avait rien de la naïveté de l'enfance, et déjà on voyait qu'il visait à l'effet. Ses parents, sa mère surtout, qui le gâtaient à qui mieux mieux, paraissaient l'écouter comme un oracle, et de temps en temps ils me jetaient un coup d'œil qui semblait me dire : « Hein ! comment trouvez-vous notre fils ? » Si dans ce temps-là j'avais été lié avec eux autant que je le fus plus tard, je leur aurais répondu sans hésiter : « Mes amis, je trouve votre fils un charmant enfant, mais un insupportable babillard. »

En effet, rien n'est plus fatigant que d'entendre un bambin de douze ans, essayant de jouer un rôle d'homme, débiter avec une certaine assurance des bourdes et des anecdotes qu'il a ramassées on ne sait où, et qu'il veut faire passer pour des bons mots de son cru, ou des aventures plaisantes qui lui sont arrivées ou dont il a été témoin.

A côté d'Edmond était sa sœur, jeune personne de deux à trois ans plus âgée que lui. Céline, c'était son nom, formait un contraste frappant avec son frère. Autant celui-ci se montrait étourdi et bavard jusqu'à l'importunité, autant elle était modeste et réservée. Elle ne parlait que rarement, et seulement lorsqu'on lui adressait la parole; alors la réponse était simple, juste et toujours convenable. Plusieurs fois je remarquai qu'elle rougissait en entendant les ridicules fanfaronnades de son frère, ou bien elle souriait d'un air de pitié et d'incrédulité, en haussant les épaules d'une manière presque imperceptible.

Quand on fut au dessert, Edmond voulut nous régaler d'une anecdote qu'il avait sans doute réservée pour le bouquet.

« Figurez-vous, dit-il après quelques instants de silence, que la semaine dernière nous allions, mes camarades de pension et moi, nous promener au bois de Boulogne, lorsque, arrivés près de la Muette, nous rencontrâmes une bonne femme qui conduisait des ânes. Jules Perrin, qui était en avant, lui cria :

« — Bonjour, la mère aux ânes !

« — Bonjour, mon fils; bonjour, mon enfant, » répondit la vieille.

Et en finissant ces mots, il se mit à rire aux éclats; mais, remarquant que personne ne partageait son hilarité, sauf son père et sa mère, qui souriaient légèrement, tandis que je gardais un sérieux glacé, il crut que je n'avais pas compris la finesse de la réponse de la bonne femme, et il se disposa à recommencer l'anecdote; mais, dès les premiers mots, sa sœur, impatientée, lui dit :

« Mon Dieu ! voilà déjà dix fois que tu nous racontes la même histoire ; fais-nous grâce de la onzième, je t'en prie, nous la savons par cœur.

— Aussi ce n'est pas pour toi que je la raconte, reprit Edmond d'un air piqué ; c'est pour Monsieur, ajouta-t-il en me désignant, qui ne la connaît pas.

— Pardon, mon ami, répliquai-je en souriant, ne pouvant résister au désir de donner une leçon à ce petit écervelé, il y a longtemps, bien longtemps, que je connais cette anecdote. J'étais plus jeune que vous quand je l'ai lue pour la première fois dans un vieil almanach de Liége, qui datait du siècle dernier. Depuis, je l'ai retrouvée dans la plupart des recueils de bons mots, de facéties et d'*ana,* que les colporteurs vendent cinq ou dix centimes dans les rues et sur les boulevards. Seulement vous y avez fait une légère variante, car la bonne femme ne s'adresse pas à un seul des jeunes écoliers, mais à tous, en leur disant : « Bonjour, bonjour, mes enfants ; » mais je conçois qu'ayant arrangé cette histoire pour votre compte particulier, vous ne vous soyez pas soucié de vous mettre au nombre des enfants de la mère aux ânes, et vous avez bien fait, vous y seriez déplacé ; vous avez trop d'esprit pour cela. »

Edmond, qui, comme je vous l'ai dit, était rempli d'intelligence, comprit la leçon, et, baissant la tête, il garda le silence en rougissant. Sa mère, qui paraissait aussi passablement embarrassée, pour couper court à cet incident, se leva de table en proposant de passer au salon pour prendre le café. Edmond profita du mouvement pour s'esquiver, n'étant plus tenté de recommencer ses bons mots déjà usés et ses historiettes passées de mode.

Quand nous fûmes arrivés au salon, Mme Morel, tout en nous servant le café, demanda la permission de me faire entendre sa fille sur le piano, désirant, ajouta-t-elle, avoir mon avis sur les dispositions qu'elle montrait pour la musique, car elle avait entendu dire que j'étais un grand amateur et un juge compétent en pareille matière. Tout en me récusant sur ces dernières qualités, je répondis, par politesse, que je serais enchanté d'entendre Mlle Céline; mais au fond, je m'attendais à avoir les oreilles écorchées par quelques morceaux d'étude de petite pensionnaire exécutés péniblement et sans goût. « Allons, me disais-je en moi-même, tout à l'heure j'ai été ennuyé par le bavardage du frère, maintenant je vais être étourdi par les gammes et les arpéges de la sœur. »

Tandis que je faisais ces réflexions, Céline s'était mise au piano, sans se faire prier, et je ne tardai pas à reconnaître combien ma prévention était injuste. Après un brillant prélude, qui captiva tout d'abord mon attention, elle exécuta de charmantes variations sur un thème simple et mélodieux, et cela avec une facilité, une ampleur et un goût parfaits. J'applaudis de bon cœur la jeune virtuose, et les éloges que je lui adressai avaient un tel caractère de franchise, qu'il était impossible de douter de leur sincérité. La mère me remercia avec effusion et reconnaissance, ajoutant que, si elle ne craignait d'abuser de ma complaisance, elle me prierait d'entendre encore un morceau et une romance, afin que je pusse juger si la voix de sa fille répondait à son jeu comme exécutante.

« Bien volontiers, répliquai-je; ma seule crainte est de fatiguer Mademoiselle; quant à moi, je ne me lasserai pas de l'entendre. »

Céline joua un fragment de je ne sais quel opéra à la mode à cette époque; puis elle chanta, en s'accompagnant, quelques couplets avec un talent et une expression remarquables. Je renouvelai mes applaudissements, en y mêlant, cette fois, quelques conseils. Je reconnus en cette jeune personne des dispositions heureuses et précoces pour la musique; sa voix avait un timbre admirable; mais comme elle n'était pas encore formée, je l'engageai à bien prendre garde de la forcer, autrement elle risquerait de la perdre tout d'un coup.

Ici la conversation et le concert furent interrompus par l'arrivée d'un personnage que je ne connaissais pas. Il avait entr'ouvert la porte du salon sans se faire annoncer, comme quelqu'un qui est familier dans la maison; mais en apercevant un étranger, il s'apprêtait à la refermer, lorsque M. Morel lui cria :

« Ah! c'est vous, Bernard; entrez donc, vous prendrez au moins une tasse de café, puisque vous n'avez pas voulu venir déjeuner. »

A ces mots, M. Bernard entra tout à fait dans le salon. C'était un homme de cinquante-cinq à soixante ans environ, à la figure calme, aux traits réguliers. Ses cheveux blancs coupés en brosse, ses moustaches et une longue barbiche également blanches, lui donnaient la physionomie d'un ancien officier en retraite, ce que semblait confirmer encore le bout de ruban rouge qui se montrait à sa boutonnière.

« Monsieur, me dit mon hôte, j'ai l'honneur de vous présenter M. Bernard, ancien officier comptable de l'armée, aujourd'hui notre caissier; c'est un employé modèle, que nous regardons presque comme faisant partie de notre famille. Mon cher Bernard, ajouta-t-il en s'adressant au caissier, je vous présente M. Gervais, notre nouveau client dont je vous ai parlé hier, et avec lequel nous continuerons longtemps, je l'espère, nos relations si heureusement commencées aujourd'hui. »

Après cette présentation solennelle, nous nous saluâmes, M. Bernard et moi, puis M. Morel réitéra au nouveau venu l'offre d'une tasse de café.

« Merci, Monsieur, répondit M. Bernard d'un ton froid, je n'en prendrai pas.

— Et pourquoi? Est-ce que par hasard vous ne seriez plus amateur du moka? Je vous garantis que celui-ci est délicieux.

— Je n'en doute pas; mais, je vous le répète, je ne pourrais pas en prendre en ce moment.

— Comme vous me dites cela d'un ton singulier! Voyons, mon cher Bernard, qu'avez-vous? Je vois à votre air quelque chose qui vous chiffonne.

— Je n'ai rien, je vous assure, reprit le comptable en s'efforçant de sourire; seulement si je n'accepte pas de café, c'est parce que je n'ai pas encore déjeuné, et que je n'ai l'habitude d'en prendre qu'après mes repas.

— Comment! vous n'avez pas déjeuné! s'écria M. Morel du ton de la plus grande surprise; mais vous nous avez fait dire par Edmond que vous ne déjeuneriez pas aujourd'hui avec nous. J'ai cru que vous étiez invité quelque part; sans cela, nous vous aurions attendu, ou tout au moins nous aurions donné ordre de tenir votre déjeuner prêt à votre retour, si quelque affaire pressante vous forçait de vous absenter.

— Ah! M. Edmond vous a dit cela... Eh! eh! ce n'est pas mal débuter pour un enfant de son âge... Il peut se vanter de mentir avec un aplomb dont je serais incapable... Décidément il m'a pris aujourd'hui pour sa dupe. Mais je ne suis pas endurant, et, s'il n'était pas votre fils, je lui tirerais les oreilles d'importance. Toutefois, dites-lui bien qu'il ne s'y fie pas, et que, s'il s'avisait de recommencer, la patience pourrait m'échapper, et alors je ne répondrais plus de moi. »

En parlant ainsi, la figure de l'ancien militaire s'était animée, et ses yeux lançaient des éclairs. Mme Morel en fut effrayée, et chercha à calmer le caissier en lui disant de sa voix la plus caressante :

« Mon Dieu ! monsieur Bernard, que vous a donc fait ce pauvre enfant, pour vous courroucer ainsi contre lui ? Il n'est pourtant pas méchant, et il vous aime beaucoup. Il y a sans doute là-dessous quelque malentendu, et quand tout sera expliqué, cela se réduira probablement à quelque espièglerie, que vous lui pardonnerez en raison de son âge et de l'amitié sincère qu'il a pour vous.

— Si son amitié consiste à vouloir faire de moi un sujet de mystification, je lu dirai de garder pour d'autres cette amitié-là ; quant à moi, elle ne me convient pas.

— Calmez-vous, mon cher Bernard, je vous en prie, reprit M. Morel : il faut donc que ce gamin vous ait sérieusement offensé, et, dans ce cas, je vous promets de lui infliger la punition qu'il mérite ; mais, pour cela, faites-nous connaître ce qui s'est passé entre vous et lui.

—Voilà, mon cher patron, reprit M. Bernard avec plus de calme, et vous allez en juger vous-même. Ce matin j'étais venu dans l'intention de répondre à votre invitation, et même j'étais arrivé quarante-cinq minutes avant l'heure du déjeuner, parce que je voulais entrer dans mon bureau, non pour travailler, puisque c'est aujourd'hui dimanche, mais pour ranger quelques registres et quelques papiers, que je n'avais pas eu le temps de mettre en place hier soir. Tandis que j'étais occupé à cette besogne, arrive M. Edmond, qui me demande à entrer dans mon bureau sous prétexte de m'aider. « Merci, lui ai-je dit, mon petit ami ; je sais trop bien comment vous vous entendez à ranger les choses : dernièrement, vous n'êtes resté que quelques minutes dans mon bureau, et vous avez si bien tout bouleversé qu'il m'a fallu une demi-journée pour remettre les choses en ordre. »

« Il a insisté pendant plus de dix minutes, restant le visage collé contre le grillage qui sépare mon bureau de celui des commis, me répétant toujours la même demande, et moi lui opposant toujours le même refus. Enfin il s'est retiré d'un air fort contrarié. Je croyais en être débarrassé, lorsqu'il est revenu tout à coup, en m'appelant d'un air empressé :

« — Monsieur Bernard ! monsieur Bernard !

« — Eh bien ! que me voulez-vous encore ?

« — Avez-vous vu tout à l'heure M. Boutain, l'associé de papa?

« — Non, ai-je dit, je ne l'ai pas vu depuis hier.

« — Ah! c'est qu'il vous cherche partout, car il désire beaucoup vous parler; il a même dû aller chez vous en sortant d'ici.

« — Et savez-vous ce qu'il me veut?

« — Je ne le sais pas positivement; seulement il paraissait très-contrarié de ne pas vous rencontrer. Il a demandé à voir papa, et, en apprenant qu'il était sorti, il a frappé du pied comme s'il eût été fort en colère, et il a dit comme ça : « Ce Bernard n'en fait jamais d'autres! voilà qu'il a commis encore une erreur dans mon compte de fin de mois qu'il m'a envoyé hier. Il faut absolument que je lui parle, afin de mettre ordre à cela désormais. »

« En entendant ces paroles, il m'a passé comme un frisson par tout le corps, et je suis sûr que mon visage a dû pâlir.

« — Il a dit cela ? que j'ai fait en m'adressant à l'enfant.

« — Oh ! oui, bien sûr, a-t-il affirmé de nouveau ; je l'ai entendu comme je vous entends, et je l'ai vu comme je vous vois. »

« Il parlait avec un tel aplomb, que je n'ai pas eu la moindre défiance. Comment en aurais-je eu ? La vérité, dit-on, sort de la bouche des enfants, et je ne pouvais soupçonner Edmond d'être capable de souiller la sienne par un mensonge. Aussitôt j'ai pris le journal, le grand-livre et mon livre de caisse ; je les ai examinés, et je n'y ai pas aperçu la moindre erreur. Cela m'a un peu soulagé. Mais, me suis-je dit en moi-même, j'aurai peut-être commis quelque erreur de copie dans le compte particulier que j'ai fourni à M. Boutain. Cela sera facile à vérifier ; mais je ne veux pas rester une minute de plus sous le poids de ce doute, et surtout de la mauvaise opinion que M. Boutain a pu se former de mon exactitude. Je me suis aussitôt hâté de fermer mon bureau, et j'ai couru chez votre associé.

« — Et où allez-vous? m'a dit Edmond avec un air de sollicitude en me voyant sortir ; on va déjeuner dans une demi-heure, aussitôt que papa sera rentré.

« — Je vais, ai-je répondu, trouver M. Boutain; et si je ne suis pas de retour à l'heure du déjeuner, présentez mes excuses à M. votre père, et dites-lui qu'il ne m'attende pas. »

« Je n'ai fait, pour ainsi dire, qu'un saut d'ici chez M. Boutain. Il n'y était pas; la bonne m'a dit que son maître et sa maîtresse étaient allés dîner chez leur sœur à Auteuil, rue de Boileau, 18. Je cours aussitôt place du Carrousel, au bureau des voitures qui vont de Paris à Boulogne, en passant par Auteuil; mais, à cause du dimanche, toutes les places étaient retenues pour les quatre premières voitures;

je ne pouvais assurer mon départ que pour la cinquième, c'est-à-dire qu'il m'aurait fallu attendre plus de cinq quarts d'heure avant de me mettre en route ! Je reviens sur mes pas jusqu'à la place du Palais-Royal ; là j'ai pris un cabriolet à l'heure, non sans avoir attendu longtemps encore avant d'en trouver un, et je me suis fait conduire à Auteuil.

« En me voyant arriver, M. Boutain m'a trouvé un air si effaré, qu'il s'est écrié avec inquiétude :

« — Comment, c'est vous, petit père Bernard ! Vous savez que c'est le nom familier qu'il me donne. Eh ! mon Dieu, qu'avez-vous donc à m'annoncer ? Est-ce que mon ami Morel est malade ? Le feu a-t-il pris dans les magasins, ou aurait-on appris quelque grosse faillite d'un de nos correspondants ?

« — Non, Monsieur, Dieu merci ! ai-je répondu, il n'est arrivé aucune catastrophe de ce genre ; c'est moi seul qui suis inquiet et qui viens savoir quelle erreur j'ai commise dans votre compte de fin de mois.

« — Vous avez commis une erreur dans mon compte ?

« — Mais, Monsieur, je ne dis pas cela ; c'est vous, au contraire, qui vous en plaignez...

« — Moi, a-t-il dit d'un air étonné, je me plains d'une erreur que vous auriez commise ? Ma foi, mon petit père, expliquez-vous plus clairement ; je ne comprends rien à ce que vous me dites.

« — Est-ce que vous n'êtes pas allé ce matin me chercher chez moi, puis à mon bureau, disant que vous vouliez absolument me parler, parce que j'avais fait *encore* une erreur dans votre compte, ce qui ferait supposer que ce n'est pas la première, et que vous entendiez empêcher que cela ne se renouvelât désormais.

« — Ah ! ah ! ah ! a-t-il fait tout à coup en riant aux éclats, en voici bien d'une autre !... Dis donc, ma femme, a-t-il ajouté en s'adressant à Mme Boutain, tu as entendu ce que vient de dire le petit père ; tu sais si j'ai songé à aller ce matin chez Morel ou chez Bernard ?

« — Oh ! pour cela, a-t-elle répondu, je le sais parfaitement, à telles enseignes que tu m'as fait lever à six heures ; que tu m'as tourmentée pour me faire dépêcher de m'habiller, afin de partir plus tôt pour la campagne ; et que tu ne m'as pas même laissée entendre une messe basse à Paris, pour le motif que nous arriverions assez tôt pour entendre l'office à Auteuil. Effectivement, nous sommes arrivés ici avant huit heures, et nous sommes allés à la messe de dix heures.

« — Vous voyez donc, a repris M. Boutain, qu'il ne m'a pas été possible d'aller à votre bureau, et encore moins chez vous, car je ne connais même pas votre adresse. Quant à votre compte, je serais fort embarrassé de dire s'il contient une erreur, ce que, du reste, je ne crois pas; car je connais trop bien le soin scrupuleux que vous apportez dans la tenue de vos écritures et de votre caisse; mais ce qui m'empêche d'en parler pertinemment, c'est que je ne l'ai pas encore regardé, et qu'il repose dans le tiroir de mon secrétaire, encore couvert de son enveloppe cachetée, tel que vous me l'avez envoyé. Ainsi, mon cher petit père, je vois clairement que vous êtes victime d'une mystification que vous aura faite quelqu'un des commis ou employés de la maison.

« — Ce ne peut être autre chose, a repris Mme Boutain, et tu dois comprendre pourquoi on a choisi ce jour pour faire *aller* ce pauvre Bernard.

« — C'est juste..., oui, tu as raison...; c'est aujourd'hui le 1er avril!

« — Précisément, et c'est un poisson un peu salé qu'on a voulu vous faire avaler. »

« Et tous deux se sont mis à rire; moi-même je n'ai pu m'empêcher de les imiter; mais je vous avoue que ce n'était qu'à contre-cœur, et que je riais, comme on dit, du bout des dents.

« — Quel est donc celui qui vous a fait cette mauvaise plaisanterie? m'a demandé M. Boutain; je parie que c'est M. Pierson, le premier commis aux écritures, ou bien M. Édouard, le commis-voyageur : ce genre de *farce* rentre tout à fait dans leur spécialité.

« — Ce n'est ni l'un ni l'autre, ai-je répondu; je suis persuadé qu'aucun d'eux ne se fût permis une pareille inconvenance à mon égard, parce qu'ils savent qu'on ne me manque pas impunément; d'ailleurs, l'eussent-ils tenté, je me serais défié d'eux, et je n'aurais pas donné dans le piége, tandis que je ne pouvais me défier d'un enfant, du petit Edmond, que j'étais à mille lieues de soupçonner.

« — Ah! c'est Edmond, a repris M. Boutain; oh bien! moi, cela ne me surprend pas : il y a longtemps déjà que j'ai remarqué dans cet enfant une habitude de mentir qui, si l'on n'y met ordre, ne fera que croître et embellir, ou plutôt s'enlaidir, avec le temps. J'en ai déjà dit quelques mots à son père; mais il ne paraît pas y attacher la moindre importance, et comme au fait la chose ne me regarde pas, je n'ai pas insisté. Cependant je ne doute pas qu'en apprenant ce qui s'est passé, M. Morel n'inflige à son fils une punition sévère, qui le rende plus circonspect à l'avenir. Je vous engage donc, mon cher Bernard, et cela dans l'intérêt même de l'enfant, à rendre compte à son père de la mauvaise plaisanterie dont vous avez à vous plaindre; et je suis persuadé que maître Edmond recevra une leçon dont il gardera longtemps le souvenir. »

« Là-dessus j'ai salué M. et Mme Boutain ; je suis remonté dans mon cabriolet, qui m'attendait à la porte, et je me suis rendu ici d'une seule traite, suivant le conseil que m'a donné votre associé.

— Et de quoi se mêlent les Boutain ? s'écria Mme Morel, évidemment contrariée, quand M. Bernard eut terminé son récit ; c'est vraiment bien à eux de donner des conseils sur la manière d'élever les enfants ! Qu'ils se mêlent d'élever les leurs à leur guise et qu'ils ne s'occupent pas de ceux des autres : avec cela que les leurs ont si bien tourné ! Je me réserve, quand je les verrai, de leur dire là-dessus ma façon de penser.

— Allons, ma bonne amie, reprit M. Morel, ne vas-tu pas maintenant chercher querelle à d'anciens amis, à des amis éprouvés, parce qu'ils se permettent de blâmer une fort mauvaise plaisanterie de ton fils, et de dire qu'il en doit être puni? Eh bien, moi, je suis de leur avis, et j'entends donner à Edmond, comme le dit Boutain, une leçon dont il se souvienne.

— Mon Dieu, monsieur Bernard, dit Mᵐᵉ Morelen s'adressant au caissier d'un ton doucereux, je suis vraiment surprise qu'un homme sensé comme vous l'êtes attache autant d'importance à une chose qui, ainsi que je le disais en commençant, n'en vaut pas la peine, et qui n'est en réalité qu'une espièglerie d'écolier, que les gens raisonnables tolèrent à pareil jour, sous peine de passer pour être d'une susceptibilité excessive; aussi sont-ils les premiers à rire d'une pareille déconvenue, et ils se gardent bien de provoquer une punition sérieuse contre ceux qui abusent de leur crédulité, parce qu'ils se rendraient plus ridicules encore.

— Certes, Madame, répondit Bernard

d'un ton froid et calme, je ne suis pas plus susceptible qu'un autre, et je sais prendre une plaisanterie comme elle doit l'être, suivant le temps, le lieu et la personne de qui elle vient. J'avoue que la plaisanterie que m'a faite votre fils n'est, en réalité, comme vous l'avez fort bien remarqué, qu'une espièglerie d'écolier. C'est pour cela qu'il aurait dû s'adresser à un de ses camarades, ou à quelqu'un avec qui il a de ces rapports familiers que donnent l'âge et les habitudes; mais user d'une pareille liberté envers un homme à cheveux blancs, qui ne lui a jamais fourni le prétexte d'une telle familiarité, c'est manquer au respect que tout enfant doit à la vieillesse en tout temps, aussi bien le 1ᵉʳ avril que les autres jours de l'année. Après cela, je ne tiens nullement à ce qu'on inflige à l'enfant une punition plus ou moins sévère; ce à quoi je tiens, c'est à ce que M. Morel prenne des mesures telles que désormais son fils ne soit plus tenté de me prendre pour l'objet de ses plaisanteries ou mystifications; sans cela, je me verrais forcé, à mon grand regret, de donner ma démission du poste de confiance que j'occupe ici, et que je ne puis remplir convenablement si la considération dont j'ai besoin était le moins du monde amoindrie.

— Vous avez parfaitement raison, mon cher Bernard, répondit M. Morel, et je vous garantis que je vais prendre des mesures pour que vous n'ayez désormais aucune plainte de cette nature à porter contre qui que ce soit. Maintenant, mon ami, votre déjeuner est servi, ne le laissez pas refroidir; pendant ce temps-là j'enverrai chercher mon fils, qui vous fera publiquement ses excuses. Nous vous attendons dans une demi-heure. »

M. Bernard salua et passa dans la salle à manger, à la suite de la bonne, qui était venue annoncer que son déjeuner était prêt.

CHAPITRE II

Les suites d'un poisson d'avril.

Lorsque le caissier eut quitté le salon, M. Morel me dit en souriant :

« Je vous demande pardon, mon cher hôte, de vous avoir rendu témoin de ces petites tracasseries d'intérieur ; mais, vous le comprenez, je suis forcé d'avoir beaucoup d'égards pour un excellent employé, et de ménager sa susceptibilité parfois exagérée. Comme nos relations, si, ainsi que je l'espère, elles se continuent, vous mettront quelquefois en rapport avec lui, je ne suis pas fâché que vous le connaissiez avec ses bonnes qualités comme avec ses petits travers.

— N'est-ce pas, Monsieur, ajouta Mme Morel en minaudant, qu'il est du dernier ridicule, ce vieux soudard, qui va se fâcher tout rouge parce qu'il a eu la simplicité de se laisser donner un poisson d'avril par un enfant? Il n'y a que les esprits mal faits qui puissent trouver mauvaise une plaisanterie de ce genre faite aujourd'hui.

— Je conviens, Madame, répondis-je, que ce Monsieur paraît assez disposé à se choquer aisément; d'un autre côté, tout en faisant la part de ce qu'un usage populaire, d'une origine passablement absurde et inconvenante, autorise en ce jour, je vous avoue que je ne saurais approuver un enfant de se servir de cette espèce de privilége pour se moquer impunément d'un homme respectable par son âge, sa conduite honorable et ses qualités réelles. »

Ici les enfants interrompirent le père Gervais pour lui demander l'origine du *poisson d'avril*, origine qu'il venait de qualifier d'absurde et d'inconvenante.

« Mes amis, répondit-il, cette origine est fort ancienne, et paraît remonter au moyen âge, à l'époque où, pendant la semaine sainte, qui arrive ordinairement dans les premiers jours d'avril, on jouait *les Mystères de la Passion*, c'est-à-dire des espèces de représentations dramatiques exécutées sur des théâtres improvisés, où l'on figurait grossièrement les diverses scènes et les personnages de la passion de Notre-Seigneur. Or, dans ce drame, comme dans la réalité, les Juifs envoyaient le Sauveur d'un tribunal à un autre, de Caïphe à Pilate, comme on dit encore en proverbe, et lui faisaient faire diverses courses inutiles, par manière d'insulte et de dérision. Plus tard, l'Église défendit expressément ces sortes de représentations, qui donnaient lieu à de nombreux abus; mais le souvenir en resta longtemps dans le peuple, et chaque année, à l'époque où se jouaient les mystères, de mauvais plaisants, par une allusion indécente à cette partie de la passion de Jésus-Christ, s'amusaient à engager quelqu'un à faire des courses ou des démarches inutiles ou ridicules, pour avoir occasion de se moquer de lui. Seulement le mot *poisson* a été, par corruption, ou plutôt, selon moi, par respect, substitué à celui de *passion,* en y ajoutant le mot *d'avril,* comme pour en constater l'origine. Sans doute, dans leur foi naïve, nos pères n'attachaient aucune idée irréligieuse à ces plaisanteries plus ou moins grossières, plus ou moins spirituelles, et leurs descendants n'y en ont pas attaché davantage. Quoi qu'il en soit, vous voyez, mes enfants, que j'avais raison de donner à l'origine de cet usage les épithètes d'inconvenante et d'absurde. »

Maintenant revenons à notre histoire.

Mᵐᵉ Morel parut fort peu satisfaite de ma réponse; elle garda le silence en faisant une petite moue assez significative, et qui pouvait facilement s'interpréter ainsi : « Voilà un Monsieur qui n'est guère galant, et qui aurait bien dû se dispenser de ses observations. »

Son mari parut, au contraire, m'approuver.

« Vous avez raison, dit-il, et je conviens qu'Edmond est allé un peu loin; mais soyez persuadé que ce qui a surtout irrité Bernard, ce n'est point d'avoir été obligé de courir d'ici à Belleville, où il demeure, et de Belleville à Auteuil; je suis même convaincu qu'il aurait été le premier à rire de la mystification si elle avait eu tout autre motif que celui que ce démon d'enfant a imaginé. Mais avoir supposé qu'il avait commis une erreur dans ses comptes, et lui avoir fait croire à lui-même qu'il avait bien pu la commettre, voilà le grief qui lui tient au cœur, et qu'il ne pardonnera pas facilement à l'espiègle qui s'en est rendu coupable. Car c'est une des petites manies de ce bon Bernard, de se croire le premier comptable de France et de Navarre, et il répète à qui veut l'entendre qu'il n'a jamais commis la moindre erreur dans ses calculs. Vous comprenez combien son amour-propre a dû être froissé, et que si Edmond n'était pas mon fils, il passerait un mauvais quart d'heure dans le cas où il tomberait entre les mains du caissier irrité. Cependant je ne puis me dispenser, pour lui donner satisfaction, de faire à Edmond une mercuriale sévère.

— Allons, ne vas-tu pas maintenant, dit Mme Morel à son mari, tourmenter ce pauvre enfant pour satisfaire la vengeance d'un vieux bourru ridicule et maniaque ?

— Qu'il ait des ridicules et des manies, c'est possible, répliqua M. Morel ; mais cet homme est l'ordre, l'exactitude et la probité même. Un pareil employé doit être ménagé ; car, si je le mécontente, il me quittera, et il trouvera dans Paris cent maisons aussi bonnes et même meilleures que la mienne, où il sera reçu à bras ouverts, tandis que moi je ne trouverai peut-être pas un autre employé capable de le remplacer.

— Bah ! ne dirait-on pas que c'est un phénix incomparable que ton Bernard ! Eh bien, moi, je me charge au besoin de t'en trouver dix qui le vaudront bien, et qui n'auront pas le mauvais esprit de se fâcher pour l'espièglerie d'un enfant. D'abord, je le déclare, poursuivit-elle en s'animant, je ne souffrirai pas que mon pauvre Edmond éprouve le moindre désagrément à cause de cet homme. »

En ce moment, notre conversation fut

interrompue par l'arrivée d'une bonne, qui, entrant brusquement dans le salon, l'œil hagard et inquiet, s'écria tout à coup :

« Ah ! Madame, qué malheur !

— Qu'y a-t-il donc, Françoise ? demandèrent ensemble M. et Mme Morel.

— Il y a que ce pauvre M. Edmond est bien malade, qu'il tremble la fièvre, et qu'il a quasi le délire.

— Que nous chantes-tu là ? dit M. Morel ; Edmond sort d'ici il n'y a qu'un instant ; il était très-gai, il a déjeuné de bon appétit, et il est bien singulier qu'il ait été pris d'un mal si subit. Ne serait-ce pas encore un poisson d'avril qu'il aurait voulu te faire avaler à toi aussi, ma pauvre Françoise ?

— Que voulez-vous dire avec votre poisson d'avril ? Est-ce que je connais ça, moi ? Tout ce que je sais, c'est que le pauvre enfant est venu me trouver en se plaignant bien fort d'un grand mal de tête, et qu'il est tombé dans mes bras en poussant de gros soupirs et en s'agitant comme s'il avait eu des convulsions.

— Ah! mon Dieu, s'écria Mme Morel; et où est ce cher enfant?

— Dans son lit, où je viens de le mettre, avec un redoublement de douleurs et des maux de cœur qui lui font crier sans cesse : Oh! la, la!... oh! la, la!... et je suis accourue vous prévenir malgré lui, car il disait qu'il ne le voulait pas, pour ne pas vous effrayer.

— Permettez, me dirent en même temps le père et la mère, que nous allions voir ce qu'a notre enfant.

— Rien de plus naturel, répondis-je en prenant mon chapeau, et permettez-moi, à mon tour, de prendre congé de vous. »

On fit quelque cérémonie pour me retenir; mais j'insistai et je me retirai.

Je pensais, en m'en allant, que la première idée de M. Morel était vraie, et que la maladie si subite d'Edmond n'était qu'un nouveau stratagème de son invention pour détourner l'orage qu'avait attiré sur lui sa conduite envers le caissier. Plus tard, j'appris que je ne m'étais pas trompé. En effet, au moment où Edmond était sorti de la salle à manger, il avait aperçu M. Bernard qui descendait de voiture, et il avait jugé à son air mécontent et contrarié qu'il allait se plaindre amèrement à son père. Il courut aussitôt se cacher dans le fond du magasin, pour laisser passer le premier moment d'irritation que causerait à son père le récit du vieil employé, espérant le calmer plus tard, surtout à l'aide de sa mère, dont il connaissait l'excessive indulgence.

Il était là depuis une demi-heure, lorsque sa sœur vint le trouver dans sa cachette, et lui raconta tout ce qui s'était passé, ajoutant que leur père était furieux contre lui et bien disposé à le punir sévèrement. A ces mots, Edmond se mit à pleurer, et il supplia sa sœur, « sa petite Céline chérie, » d'intercéder pour lui.

« Je le veux bien, répondit Céline ; mais toi-même, si tu le veux, tu peux mieux que moi apaiser papa, obtenir le pardon de ta faute et la faire oublier.

— Et que faut-il faire pour cela ?

— Simplement venir t'accuser toi-même à papa, comme tu le ferais à ton confesseur, présenter tes excuses à Bernard, dire que tu te repens de ta faute, promettre de ne jamais recommencer et de te corriger de ton vilain défaut de mentir.

— Oh ! certainement c'est ce que je ne ferai pas : moi ! m'aller humilier devant cet imbécile de Bernard ! Non, non, j'aimerais mieux mourir ! »

En disant ces mots, il trépignait de dépit, il s'arrachait les cheveux, il pleurait de rage. Sa sœur essaya en vain de le calmer, elle ne fit que l'irriter davantage ; il alla même jusqu'à tourner sa fureur contre elle, et il l'aurait frappée, si elle n'eût pris le parti de se retirer. Elle courut alors prévenir de ce qui se passait Françoise, leur ancienne bonne, qui les avait vus naître tous deux, et leur avait donné ses soins pendant leur première enfance. Cette fille s'était attachée plus encore à Edmond qu'à sa sœur, et n'avait pas peu contribué à le gâter. Elle tolérait, elle excusait tous ses défauts; elle tentait, au besoin, de les faire passer pour des qualités; aussi Edmond avait toute confiance dans sa bonne, et celle-ci exerçait un grand empire sur lui.

Françoise, après s'être fait mettre au courant de la cause des transports d'Edmond, se rendit auprès de lui, et ne tarda pas à le calmer par ses caresses et par l'engagement qu'elle prit de tant faire des pieds et des mains qu'il ne serait ni puni ni même grondé.

« Et comment feras-tu, ma bonne?

— Rien ne sera plus facile, si vous voulez me seconder. Bien sûr que si votre maman vous voyait dans l'état où vous êtes, les yeux gonflés, les joues rouges et brûlantes, la respiration agitée, elle vous croirait bien malade : eh bien, il s'agit de tâcher de rester dans cet état pendant quelque temps encore, de vous mettre au lit, de dire que vous avez grand mal à la tête, et de vous agiter fortement, afin de conserver le mouvement accéléré de votre pouls. Aussitôt que vous serez couché, j'irai donner l'alarme; votre maman accourra auprès de vous, elle vous croira réellement malade, et je vous garantis qu'il ne sera plus question ni de correction ni de réprimande.

—Oh! excellente idée! s'écria Edmond; il faudra aussi me donner un oignon pour me conserver les yeux rouges plus longtemps, et me faire réellement pleurer. »

D'après ce petit échantillon, vous devez supposer, mes enfants, que la bonne d'Edmond, qui avait été chargée de sa première éducation, n'avait pas peu contribué à lui faire contracter de bonne heure la déplorable habitude de la dissimulation et du mensonge. Cela n'est que trop vrai, et c'est une preuve de plus de l'importance que l'on doit apporter dans le choix des personnes à qui l'on confie la première éducation des enfants ; car les premières impressions que l'on reçoit dans un âge si tendre sont souvent ineffaçables (1).

Le petit complot entre l'enfant et sa bonne réussit à merveille, Mme Morel fut réellement trompée par la feinte maladie de son fils. Persuadée que cette maladie n'était causée que par la peur d'une correction pour l'affaire de Bernard, elle lui promit qu'il n'en serait plus question, et que

(1) Quo semel est imbuta recens servavit odorem
 Testa diu.

son père ne lui en reparlerait jamais. Celui-ci, qui cependant n'était pas dupe de la supercherie de son fils, ne voulut pas, par faiblesse, contredire sa femme, et il confirma la promesse qu'elle venait de lui faire, en y mettant pour toute condition qu'Edmond se montrerait à l'avenir plus réservé et plus respectueux envers M. Bernard.

Edmond promit tout ce qu'on voulut, et à l'instant le sourire qui reparut sur ses lèvres, la joie qui brilla dans ses yeux, annonçaient que sa guérison était aussi subite que sa maladie.

Mme Morel, pour en finir, alla trouver le caissier, qui achevait de déjeuner. Elle lui dit que son fils avait été tellement affecté d'avoir donné un sujet de mécontentement à son ami M. Bernard, qu'il en était tombé malade, et qu'on avait été obligé de le mettre au lit. Le bon Bernard se montra à son tour affecté de ce résultat; il voulut lui-même tranquilliser Edmond et lui dire que tout était oublié. Le prétendu malade reçut cette visite en s'efforçant de garder son sérieux, et en répétant la promesse qu'il avait faite à son père un instant auparavant. Le vieillard se montra satisfait, et se retira après avoir serré la main de l'enfant.

Cette affaire eût été oubliée le lendemain, si le père n'avait eu l'imprudence de la raconter le soir même à quelques amis, qui s'en amusèrent beaucoup, et qui en firent compliment à Edmond. Celui-ci, sûr désormais de l'impunité, raconta l'histoire à son tour, avec des amplifications et des broderies sans fin. Ainsi, au lieu de faire aller Bernard simplement de Belleville à Auteuil à la recherche de M. Boutain, il supposait qu'il était allé à Saint-Germain, puis à Versailles, puis à Saint-Cloud, et enfin à Auteuil, où il l'avait trouvé.

Il ne manqua pas de faire ce récit à
M. Pierson, le commis aux écritures, et à
M. Édouard, le voyageur, lorsqu'ils parurent au bureau le lendemain matin. Ceux-ci en firent leurs gorges chaudes toute la journée et les jours suivants, en renchérissant encore sur la narration du fils du patron. Ils étaient enchantés de trouver une occasion de *vexer* le caissier, qu'ils n'aimaient pas, parce qu'on le leur citait sans cesse comme un modèle, et qu'il se permettait quelquefois de leur adresser des remontrances lorsqu'ils se trouvaient en retard, ou qu'ils avaient commis quelques légères erreurs dans leurs écritures. A partir de ce moment, ils ne l'appelèrent plus M. Bernard, mais M. *Berné*. Le caissier se fâcha ; les patrons furent obligés d'interposer leur autorité ; mais le calme ne se rétablit qu'en apparence. Les plaisanteries et les quolibets ne firent que changer de forme, et n'en tombèrent pas moins drus

et acérés sur le pauvre comptable. Enfin, de guerre lasse, il envoya un beau matin sa démission à la maison Morel, Boutain et C¹ᵉ, et il entra immédiatement dans une maison rivale, avec des appointements plus considérables.

Ce fut une véritable perte pour ses anciens patrons. M. Boutain, qui l'aimait beaucoup, en fut vivement affecté, et il disait qu'il aurait mieux aimé perdre cinquante mille francs sur une opération que d'être privé des services d'un si bon employé. Il reprocha souvent à M. Morel d'avoir occasionné par sa faiblesse le départ d'un sujet si précieux. Cet événement ébranla la vieille amitié des deux associés, et peut être, à juste titre, mis au nombre des causes qui amenèrent plus tard la rupture de leur société, et par suite une notable diminution dans la fortune des Morel.

Vous voyez, mes enfants, quels funestes

résultats peut entraîner une plaisanterie inconsidérée d'un enfant de votre âge, plaisanterie à laquelle il n'eût pas songé, ou même qui n'eût pas réussi, s'il n'avait déjà depuis longtemps contracté l'habitude de mentir avec assez d'aplomb pour tromper un homme d'honneur, plein de franchise et de loyauté, qui ne pouvait supposer la duplicité d'un pareil être.

CHAPITRE III

Les escapades d'Edmond.

Edmond, grâce à la faiblesse ou plutôt à l'aveuglement de ses parents, grâce aux encouragements de son entourage, commis, domestiques, et surtout de Françoise, son ancienne bonne, fit de rapides progrès dans l'art de mentir avec assurance.

Il était, du reste, à bonne école avec Édouard, le commis-voyageur, dont il était devenu le favori et l'élève.

« Allons, Edmond, lui disait-il quelquefois, quelle petite *blague* vas-tu me conter aujourd'hui ? »

Et Edmond s'empressait de débiter ce qu'il avait entendu à droite et à gauche, ou qu'il avait inventé lui-même. Édouard l'écoutait avec la gravité d'un professeur, et faisait ses critiques et ses observations. « Ceci est connu, usé jusqu'à la corde ; ceci n'est pas mal, mais c'est un peu fade ; il faudrait le relever par quelque chose de piquant, etc. etc. »

Si Edmond n'était pas en fonds ce jour-là, il répondait :

« Je ne sais rien aujourd'hui.

— Eh bien, moi, reprenait Édouard, je vais t'en apprendre de bonnes. »

Et là-dessus il lui débitait un tas d'histoires toutes plus extravagantes les unes que les autres. Edmond écoutait avidement, et retenait mieux ces leçons que celles qu'il recevait à l'école.

Rendons-lui toutefois cette justice, qu'en

général, et dans les commencements surtout, ses mensonges n'avaient point pour objet de chercher à nuire ou à tromper sur des choses sérieuses : ce n'étaient, le plus souvent, que des propos de peu de valeur, arrangés de manière à rendre vraisemblables des choses fausses, mais sans autre but que celui de s'amuser et d'amuser les autres; ou bien c'étaient des fanfaronnades destinées à se faire valoir, et dans lesquelles il se donnait un rôle important. En un mot, le plus souvent il mentait uniquement pour le plaisir de mentir.

Mais quand on est sur une pente de cette nature, il est presque impossible de ne pas se laisser entraîner peu à peu jusqu'au fond de l'abîme. Lorsque le mensonge ne coûte plus rien, qu'il est tout à fait passé dans nos habitudes, il est bien difficile de ne pas y avoir recours en toute circonstance. On commence à mentir pour s'amuser, *pour de rire,* comme disent les enfants; puis, qu'une occasion se présente, et l'on mentira *pour de bon*, c'est-à-dire pour cacher une faute que l'on a commise, pour en préparer une que l'on veut commettre, pour induire en erreur ses camarades, ou ses maîtres, ou même ses parents..., et de là, mes enfants, il n'y a souvent qu'un pas pour arriver à la calomnie, à la fourberie, au parjure. Telle n'est pas tout à fait l'histoire d'Edmond; mais vous verrez qu'il s'en est fallu de bien peu.

J'ai oublié de vous dire qu'Edmond suivait en qualité d'externe, ou plutôt de demi-pensionnaire, les cours de l'institution Bertin, située rue d'Argenteuil, derrière Saint-Roch, et non loin de la maison de M. Morel. Tous les matins, à huit heures en hiver et à sept heures en été, Françoise ou un autre domestique l'accompagnait jusqu'à la pension et allait le chercher à huit heures du soir. Il était très-assidu, et, du reste, il ne s'ennuyait pas à la pension, où il trouvait auprès de ses camarades des distractions que la maison paternelle ne lui eût pas offertes pendant la semaine, où les affaires occupaient tout le monde.

Un jour, un de ses meilleurs amis de sa classe lui annonça qu'il allait être parrain d'une petite sœur qui lui était née depuis quelques jours. Il lui peignit en vives couleurs la fête qui aurait lieu à cette occasion : immédiatement après la cérémonie du baptême, on partirait en voiture pour aller reconduire l'enfant à la nourrice à Bougival, où elle demeurait. Là, il y aurait promenade à l'aqueduc de Marly, dîner champêtre sur l'herbe, pêche à la ligne et à l'épervier, course en canot, enfin tous les divertissements qui peuvent charmer les Parisiens dans leurs excursions aux environs de la ville.

« O Dieu ! que ce sera gentil ! s'écria Edmond, et quelle bonne journée tu vas passer !

— Veux-tu en être ? Je t'invite sans façon, et je te garantis que tu seras bien reçu.

— J'en suis persuadé, mon cher Norbert, et j'accepterais de bon cœur ton invitation si cela dépendait de moi ; mais il faut la permission de papa, et je doute fort qu'il me l'accorde.

— Et pourquoi ne te l'accorderait-il pas ?

— Parce qu'il est un peu formaliste, et que, ne connaissant nullement ta famille, il croirait commettre une indiscrétion ou même un manque de savoir-vivre, s'il me permettait d'accepter une invitation faite simplement par toi, sans savoir si cela convient ou non à tes parents.

— Oh ! je te garantis, mon cher Edmond, que cela leur conviendra parfaitement, et que, présenté par moi, ils te recevront à bras ouverts : d'ailleurs tu n'es pas pour eux un inconnu, je leur ai souvent parlé de toi, et je les ai beaucoup fait rire en leur racontant quelques-unes de ces *blagues* dont tu as un répertoire si bien fourni.

— Je ne doute pas du bon accueil que me feront tes parents; mais, encore une fois, mon père tiendra à ce que cette invitation vienne d'eux et lui soit directement adressée. La même chose s'est présentée dernièrement pour ma sœur, qu'une de ses amies de pension avait invitée à une petite fête de famille : papa et maman n'ont accordé la permission que sur une lettre qui leur a été envoyée par les parents de cette demoiselle.

— Je comprends que cela serait plus régulier, et cela ne souffrirait aucune difficulté si j'en parlais à papa et à maman; malheureusement cela n'est guère possible. C'est demain qu'a lieu la cérémonie; je rentrerai trop tard ce soir pour voir papa, qui a dû partir tantôt pour Bougival afin de tout préparer pour la fête de demain. Maman est souffrante, et ne pourrait pas écrire...

— Que veux-tu, mon bon Norbert, il ne faut plus y penser; je n'en suis pas moins reconnaissant de ta bonne volonté...

— N'y plus penser! s'écria Norbert; ah! ce n'est pas ainsi que je l'entends, moi : au contraire, j'y pense sérieusement, et, en y réfléchissant bien, je crois avoir trouvé un moyen de tout arranger.

— Voyons ce moyen; s'il est praticable, je ne demande pas mieux que de l'employer.

— Eh bien, mon cher, rien n'est plus simple : tu pars habituellement de chez toi à sept heures du matin pour venir à la pension; tu y restes jusqu'à huit heures du soir, puis tu retournes chez toi pour te coucher. Sais-tu maintenant ce qu'il faut faire? Au lieu d'entrer chez le père Bertin, et de t'y ennuyer demain toute la journée, viens me trouver à la maison; je te présenterai à papa et à maman comme un de mes meilleurs amis, tu viendras avec nous à Bougival, nous nous amuserons comme des bienheureux; nous rentrerons le soir à Paris, et tu seras de retour chez toi à l'heure ordinaire, de sorte qu'on ne se doutera pas que tu as passé ta journée hors de la pension. »

On voit par cette proposition de Norbert qu'Edmond avait su choisir un ami digne de lui. « Qui se ressemble se rassemble, » dit un proverbe dont la justesse peut se vérifier tous les jours.

Edmond ne fut donc ni effrayé ni même étonné de la proposition de son ami. Cette escapade lui offrait même quelque chose de piquant, d'audacieux, qui la rendait plus attrayante. Puis, que de bonnes histoires il pourrait un jour broder sur cet événement! Aussi, loin de rejeter cette idée avec l'empressement qu'y aurait mis tout bon écolier, tout fils respectueux, il se mit à discuter avec Norbert la difficulté de l'exécution et le moyen de la surmonter.

« Oui, je comprends, dit Edmond, qu'on ne se douterait pas à la maison, en me voyant partir et rentrer aux heures ordinaires, que j'ai passé ma journée à la campagne; mais le père Bertin, lui, s'apercevrait bien que je suis absent de l'étude et de la classe; il enverrait peut-être prendre des informations chez nous, et tout serait bientôt découvert.

— Bah! rien n'est plus facile que de lui boucher la vue. Préviens ce soir le sous-maître que demain tu ne viendras pas à la pension, parce que..., parce que...; ma foi, tu lui donneras le premier prétexte qui te passera par la tête; tu sais qu'il n'y regarde pas de si près, ni son patron non plus; un élève absent est toujours une bouche de moins à nourrir, et « il n'y a pas de petites économies », comme dit Mme Bertin, bonne ménagère et digne épouse de notre respectable chef.

— Tu as raison, et je vais tenter l'aventure auprès de notre *pion;* je reviendrai tout à l'heure te faire part du résultat de ma démarche. »

Dix minutes après, Edmond accourait auprès de Norbert.

« Ça ne va pas aussi rondement que tu le pensais, dit-il en l'abordant; figure-toi que le sous-maître m'a répondu : « Vous faites bien de me prévenir, mais cela ne suffit pas; il me faut une lettre de M. votre père ou de Mme votre mère, qui déclare formellement vouloir vous garder tel jour à la maison, pour tel motif, ou même sans donner de motif. Sans cela, je serais obligé de vous porter absent, et M. Bertin ne manquerait pas d'en écrire à M. votre père, et de vous réprimander vous-même pour ne l'avoir pas prévenu. — Oh ! qu'à cela ne tienne, ai-je répondu avec assurance, papa ou maman écrira tout ce qu'il faudra; seulement, comme je rentrerai trop tard ce soir, la lettre ne pourra être envoyée que demain matin. — Ce sera assez tôt : si même vous ne pouvez la faire porter par un domestique, jetez-la simplement à la poste, cela suffira. — Merci, ai-je répondu, demain matin vous recevrez la lettre. »

— Mais, dit Norbert, ne t'es-tu pas trop avancé en lui promettant une lettre de ton père ou de ta mère ? à moins que tu n'aies pris le parti de les prévenir, ce qui, au fond, vaudrait peut-être mieux, et que tu ne sois sûr d'en obtenir la permission.

— Non, non, je n'en veux pas courir la chance ; je serais d'autant plus sûr d'un refus, que mon père en ce moment-ci n'est pas très-content de moi, parce que son caissier l'a quitté ces jours derniers, et il prétend que c'est moi qui en suis la cause, par suite de ce fameux poisson d'avril dont je t'ai parlé dans le temps.

— Oui, oui, je me souviens ; mais alors que comptes-tu faire ?

— Voici..., mais *motus*, ceci est entre nous deux, et doit rester dans le plus profond secret.

— Tu n'as pas besoin de tant me le recommander ; je serai muet comme un poisson.

— Eh bien, voici ce que je me propose de faire : souvent, le soir, avant de me coucher, ou le matin, avant de venir à la pension, si j'ai quelque devoir en retard, quelque cahier à mettre au net, je vais faire cette besogne dans le cabinet de travail de papa. Il n'y est presque jamais à ces heures-là, ou bien il ne fait qu'entrer et sortir ; quelquefois, et encore rarement, il jette un coup d'œil distrait sur mon ouvrage. Or au-dessus de la table où je travaille, il y a un carton rempli de papier à lettre, portant l'en-tête imprimé de la maison. Je prendrai une de ces feuilles, j'y écrirai ces deux lignes :

« J'ai l'honneur de prévenir M. Bertin
« que je retiens aujourd'hui Edmond pour
« m'accompagner dans une visite que nous
« faisons à un parent éloigné, de passage
« à Paris.

« Je le prie de recevoir l'assurance de
« ma parfaite considération. »

« Et pour signature, j'appliquerai au bas de ces lignes la griffe de papa, qui se trouve, avec le timbre de la maison, dans une boîte attenant à son bureau, et dont il n'ôte jamais la clef.

— Sais-tu, mon cher Edmond, reprit Norbert, que ton invention est passablement hardie, et j'avoue que moi-même j'y regarderais à deux fois avant d'employer ce moyen ; mais enfin, si tu n'y vois pas d'inconvénient, cela te regarde, et, au fond, la chose n'en sera que plus drôle. Seulement je pense à une chose : ne crains-tu pas que M. Bertin ne reconnaisse ton écriture ?

— Oh! j'y ai bien songé, et j'avais d'abord résolu de la contrefaire; mais, réflexion faite, je pense qu'il vaut mieux la laisser telle quelle. Une écriture contrefaite aurait paru louche, tandis qu'il est tout simple de supposer que mon père m'ait dicté une lettre qui me concerne, sa signature et l'en-tête de la lettre en garantissent suffisamment le contenu. Enfin je la mettrai moi-même à la poste.

— Bravo! tu prévois tout; ma foi, ce serait vraiment dommage qu'une trame si bien ourdie vînt à se rompre ou à se découvrir. Il me tarde d'être à demain pour savoir si tout réussira comme nous le désirons. Je t'attends à sept heures et demie, huit heures au plus tard; tâche de ne pas manquer. Tu connais mon adresse?

— Oui, rue Louis-le-Grand, 62; et pour y aller de la rue d'Argenteuil, où je me rendrai à l'heure ordinaire, je gagnerai la rue Saint-Roch, la rue Neuve-des-Petits-

Champs, le carrefour Gaillon et la rue Louis-le-Grand ; ce sera l'affaire de vingt minutes au plus pour effectuer ce trajet.

— Mais un domestique t'accompagne toujours quand tu te rends à la pension ; comment feras-tu pour t'en débarrasser ? Le mettras-tu dans la confidence ?

— Pas si bête ; je ne me fierais à aucun, excepté à Françoise, mon ancienne bonne : encore je ne voudrais pas la mettre à l'épreuve... Mais ton observation est juste ; il s'agit de me débarrasser de celui qui sera chargé de m'accompagner, sans éveiller en lui le moindre soupçon... ; cela est difficile, en effet... » Il réfléchit quelques instants, puis il s'écria tout à coup : « Ah ! j'ai trouvé !... Au lieu de mettre la lettre à la poste, comme j'en avais d'abord l'intention, je la porterai moi-même. Le domestique qui m'accompagne me quitte au moment où la porte s'ouvre, et où il me voit entrer. Eh bien, j'entrerai comme à l'ordinaire, seulement je ne dépasserai pas la loge du concierge; je lui dirai de remettre cette lettre au sous-maître, ou à M. Bertin, qui sont déjà prévenus de son contenu, c'est-à-dire que je dois m'absenter pour la journée. Pendant ce colloque, le domestique se sera éloigné, et moi, quand je sortirai, je me dirigerai à toutes jambes vers ton domicile.

— A merveille, mon cher; vrai, je ne te croyais pas si fort; à ton âge c'est magnifique. Sais-tu que, si tu continues, tu *enfonceras* bientôt les plus malins? »

Là-dessus les deux amis se quittèrent en se donnant rendez-vous pour le lendemain. Edmond, enchanté des éloges sincères ou ironiques de son camarade, songeait au moyen de jouer convenablement son rôle et de mériter de nouveaux applaudissements; Norbert, de son côté, se disait tout bas : Voilà un gaillard qui ira loin; il faudra désormais s'en défier et jouer serré avec lui ; mais c'est égal, il est amusant.

Le lendemain, les choses se passèrent sans encombre et à peu près telles que les avait prévues Edmond. Il trouva même plus de facilité qu'il ne s'y était attendu à opérer les diverses manœuvres qu'il avait imaginées pour la réussite de son plan. Le soir, son père était allé à un cercle de négociants, où il se rendait quelquefois : de sorte qu'Edmond se trouva seul dans son cabinet, et qu'il ne fut nullement gêné pour la préparation de la fameuse lettre. Le matin, ce fut Françoise qui le conduisit à la pension. Comme elle avait à faire une commission dans un quartier éloigné, lorsqu'ils furent arrivés à l'entrée de la rue d'Argenteuil et en vue de la maison Bertin, elle dit à Edmond :

« Si vous pouviez aller seul maintenant, cela me ferait grand plaisir ; je prendrais le passage, et cela abrégerait mon chemin.

— Mais certainement, répondit Edmond

enchanté ; va, ma bonne, je n'ai plus besoin de toi : d'ailleurs j'aperçois là un de mes camarades qui se rend aussi à la pension et je vais le rejoindre. »

Il le rejoignit en effet, mais ce fut pour lui confier la lettre, en le priant de ne pas manquer de la remettre au sous-maître. De cette manière il n'était pas obligé d'entrer lui-même à la pension et de parler au concierge, ce qui, malgré son assurance, ne laissait pas que de l'inquiéter un peu.

Il s'empressa alors de se rendre chez Norbert, qui l'avait annoncé à ses parents. Ceux-ci lui firent fort bon accueil, et la journée se passa on ne peut plus agréablement. Le soir, Edmond arriva dans la rue d'Argenteuil un peu avant l'heure de la sortie de la pension; au moment où la porte allait s'ouvrir, il prit lentement le chemin de sa maison, et rencontra, comme il l'avait prévu, le domestique qui venait le chercher; comme cela était arrivé quelquefois, le garçon ne fit aucune observation, et tous deux rentrèrent à la maison à l'heure ordinaire, de sorte que l'on n'eut pas le moindre soupçon de l'escapade d'Edmond.

Enchanté de cette première réussite, Edmond ne rêva plus qu'aux moyens de renouveler de temps en temps son école buissonnière. Il y parvint quelquefois encore sans éveiller de soupçons, en ayant soin de varier les moyens de tromper son père et son maître de pension.

Cependant, au milieu de ses succès, il éprouva parfois de mortelles inquiétudes. Un jour qu'il s'était esquivé de sa pension avec Norbert et un autre de ses camarades nommé Julien, dont j'aurai occasion de reparler plus tard, pour aller voir passer une grande revue au Champ de Mars, au moment où nos trois déserteurs, après avoir franchi le pont d'Iéna, traversaient le quai de Billy pour gagner les hauteurs du Trocadéro, ils se trouvèrent au milieu d'un encombrement occasionné par la foule des curieux qui venaient du Champ de Mars, ou qui s'y rendaient, tandis qu'un grand nombre de voitures, allant en sens opposé, se croisaient au même endroit et augmentaient l'embarras. Impossible d'avancer ou de reculer, jusqu'à ce que le flot se fût suffisamment écoulé pour leur livrer passage. Tandis que nos trois jeunes gens restaient forcément immobiles, cherchant la moindre issue pour se faufiler à travers la foule, Edmond aperçut à quelques pas, retenu aussi par la presse, le cabriolet de son père, conduit par Bastien, leur cocher, et dans l'intérieur de la voiture il reconnut son père avec M. Boutain, son associé, qu'il allait probablement reconduire à Auteuil. A cette vue Edmond pâlit, détourna brusquement la tête, et, serrant fortement le bras de ses deux camarades, il leur dit tout bas :

« Je suis perdu !... voilà papa, là dans ce cabriolet.

— Crois-tu qu'il t'ait vu? demanda Norbert.

— Je ne crois pas, parce qu'il paraît très-occupé de sa conversation avec son associé.

— Eh bien, glisse-toi derrière ce grand qui est là à côté de moi; je vais prendre ta place, ton père ne me connaît pas.

— Non, mais il connaît l'uniforme de la pension, et s'il t'aperçoit, cela éveillera son attention; il regardera de ce côté, et je serai découvert.

— Ah! c'est juste; en ce cas, Julien, qui est en bourgeois, va prendre ta place; et nous tâcherons de filer derrière la voiture. »

Cette manœuvre s'exécuta assez heureusement; seulement, au moment où ils passaient derrière le cabriolet, le cocher se retourna pour écouter un ordre que lui donnait son maître, et ses regards se croisèrent avec ceux d'Edmond, qui suivait avec anxiété les mouvements de la voiture. En se voyant reconnu par Bastien, Edmond s'empressa de mettre deux doigts sur ses lèvres, pour lui recommander le silence. Le cocher comprit ce signe, qu'accompagnait une pantomime suppliante ; il y répondit par un sourire imperceptible et par un clignement d'yeux que l'on pouvait interpréter de plusieurs façons ; en même temps la voiture fit un léger mouvement à droite, puis, trouvant un espace libre, elle se dirigea rapidement vers la barrière des Bons-Hommes.

« Allons, s'écria Norbert, nous en sommes quittes cette fois pour la peur : montons vite à l'assaut du Trocadéro, puis nous irons faire un tour dans le bois de Boulogne.

— Je ne suis pas tranquille, moi, dit Edmond ; notre cocher m'a vu, et je crains qu'il ne cause.

— Bah ! es-tu sûr qu'il t'a vu ? Je ne m'en suis pas aperçu.

— Oh! moi, dit Julien, je l'ai bien remarqué; mais j'ai remarqué aussi qu'il a fait à Edmond un signe qui signifiait qu'il garderait le silence.

— C'est possible, car s'il avait eu intention de te dénoncer, il l'aurait fait sur-le-champ, observa Norbert; ainsi, bannis toute crainte, et continuons gaiement notre promenade vers le bois de Boulogne. »

Malgré la confiance que cherchaient à lui inspirer ses amis, Edmond, pendant tout le reste de la promenade, fut inquiet, tourmenté, maussade.

En rentrant à la maison, il se dirigea tout d'abord vers la remise, où il entendait Bastien, occupé à laver sa voiture. Celui-ci, en l'apercevant, sourit d'un air narquois en lui disant:

« Eh bien, monsieur Edmond, est-ce beau la revue?

— Chut! ne parlez donc pas si haut,

mon cher Bastien. Est-ce que vous avez dit à mon père que vous m'aviez vu ?

— Non, parce que j'ai bien compris par votre signe que *vous couriez une bordée*, comme nous disions au régiment quand nous nous absentions sans permission, et que si M. votre père s'en était douté, il vous aurait flanqué à la salle de police ou aux arrêts forcés pendant une huitaine au moins. Mais, moi, j'ai toujours eu pour principe de ne jamais dénoncer les camarades quand je les surprenais en faute, à charge, bien entendu, qu'ils montreraient la même discrétion à mon égard quand l'occasion s'en présenterait. »

Edmond se sentit humilié d'être tombé en quelque sorte sous la dépendance d'un domestique, qui, se voyant maître de son secret, traitait avec lui d'égal à égal ; mais il fallut dissimuler, et il dit à Bastien d'un ton presque suppliant :

« Ainsi vous me promettez de ne parler à

personne, et surtout à papa, de notre rencontre d'aujourd'hui ?

— Oui, certainement, je le promets, mais à condition que je pourrai toujours compter sur vous à l'occasion.

— Je le veux bien ; seulement je ne vois pas trop quel service je suis capable de vous rendre.

— Que cela ne vous inquiète pas ; je vous le ferai connaître en temps et lieu… Ah ! tenez, pour commencer, j'ai perdu ce matin une éponge toute neuve, que je suis obligé de remplacer de mon argent ; c'est trois francs que ça coûtera, et ça me gêne beaucoup pour le moment ; vous me rendriez donc un grand service si vous vouliez bien m'avancer cette bagatelle.

— Mon Dieu, mon cher Bastien, ce serait avec le plus grand plaisir ; mais je ne reçois que trois francs d'argent de poche par semaine, il ne me reste plus que cinquante centimes, et je n'en toucherai que dimanche prochain.

— Oh! je ne suis pas exigeant, reprit Bastien avec son sourire narquois; donnez-moi toujours, comme à-compte des trois francs *que vous me devez,* les cinquante centimes que vous avez; puis, pour ne pas vous gêner, quand vous toucherez votre semaine, vous me donnerez vingt ou trente sous, toujours en à-compte, et ainsi de suite, jusqu'à ce que vous ayez complété les trois francs. »

Edmond donna les dix sous qui lui restaient, heureux d'acheter à ce prix le silence du cocher.

Le dimanche suivant, lorsqu'il toucha sa semaine, il lui en donna la moitié, comptant bien achever de le solder la semaine d'après. Mais le jour où il croyait s'acquitter entièrement, Bastien, tout en recevant le restant de la somme, s'écria tout à coup:

« J'ai vraiment du guignon, quoi! Au

moment où mon éponge est payée, voilà-t-il pas que je viens d'avoir le malheur de casser mon fouet, un fouet tout neuf, de dix francs !... Il faut pourtant bien que vous m'aidiez à en racheter un ; car M. votre père me le retiendrait sur mes gages. »

Et le pauvre Edmond fut obligé de s'engager à payer deux francs par semaine pour le rachat du fouet. Mais comme cela rognait trop son pécule, il obtint de sa mère, sous je ne sais quel prétexte, ou plutôt à l'aide de je ne sais quel mensonge, un supplément suffisant pour remplacer ce qu'il était forcé de donner à Bastien.

Vous comprenez bien, mes bons amis, que l'histoire de l'éponge perdue et du fouet cassé n'étaient que des prétextes pour tirer de l'argent d'Edmond, argent que le cocher allait boire au cabaret, en riant avec ses amis aux dépens de celui qu'il appelait « son petit pigeon ». Edmond n'était pas non plus la dupe de Bastien, et c'était là ce qui augmentait son dépit ; mais il était forcé de dissimuler, de paraître croire les bourdes que lui débitait son complice, et, par surcroît, de payer comptant son silence.

Je ne sais jusqu'à quel point maître Bastien aurait continué à abuser de ses avantages et à *plumer* son pigeon, si un incident inattendu n'était venu tarir cette source de bénéfices peu avouables, et mettre un terme aux escapades d'Edmond. Mais, avant d'entamer cette partie de mon récit, j'ai besoin de quelques minutes de repos.

Après un court silence, pendant lequel le père Gervais toussa, cracha, prit une prise de tabac, éternua, aspira une nouvelle prise, il continua son histoire en ces termes.

CHAPITRE IV

La découverte imprévue.

Je n'étais pas retourné à Paris depuis sept mois, c'est-à-dire depuis l'époque où j'avais dîné chez M. Morel, le 1ᵉʳ avril, date qu'a dû fixer dans votre mémoire le fameux poisson d'avril dont je vous ai parlé en commençant. Nos relations d'affaires entre M. Morel et moi n'en avaient pas moins continué avec activité et régularité, par correspondance. Vers la fin d'octobre je fus obligé de faire un voyage à Paris, comme d'habitude, pour mes achats d'hiver.

Une de mes premières visites devait être chez M. Morel. Cependant, avant d'y aller et de m'occuper d'affaires, je voulus me débarrasser d'une commission que l'on m'avait donnée pour le faubourg Saint-Honoré. Ma commission terminée, comme il faisait une belle journée d'automne, je revins à pied par les Champs-Élysées. En passant près d'un café chantant, je jetai machinalement un coup d'œil sur la porte d'entrée qu'encombrait une foule de curieux attirés par un orchestre bruyant et par les éclats de voix des chanteurs. Je remarquai parmi les personnes qui entraient dans l'établissement deux ou trois jeunes gens de douze à quinze ans, et parmi eux je crus reconnaître le jeune Edmond Morel. Je le suivis des yeux, je le vis pénétrer dans l'intérieur avec ses camarades, et s'asseoir à une table près de l'orchestre. Après m'être arrêté un instant pour le considérer par-dessus la barrière à hauteur d'appui qui servait d'enceinte au café, et m'être bien assuré que je ne me trompais pas, je continuai ma route et je me rendis chez son père.

M. Morel m'accueillit comme une ancienne connaissance et avec de véritables démonstrations d'amitié. Après les premiers compliments, après lui avoir demandé des nouvelles de sa femme et de sa charmante fille, et avoir appris qu'elles étaient en bonne santé, je lui dis en souriant :

« Quant à votre fils, je ne vous en parle pas ; car je viens de le rencontrer, et il paraît fort gai et on ne peut mieux portant.

— Vous venez de voir Edmond, fit M. Morel du ton de la plus grande surprise, et vous lui avez parlé ?

— Non, je ne lui ai pas adressé la parole ; mais je l'ai parfaitement reconnu. »
Et je lui racontai l'incident de ma promenade aux Champs-Élysées.

« Ce n'est pas possible ! s'écria-t-il ; Edmond est à la pension, et vous aurez été trompé par quelque ressemblance.

— Au fait, c'est possible, repris-je ; il y a sept mois que je ne l'ai vu, et dans cet intervalle un enfant de son âge peut changer beaucoup.

— Comment était-il habillé ?

— Il avait un pantalon à carreaux, une jaquette brune, et pour coiffure une toque écossaise.

— C'est bien cela. Comment ! le petit drôle aurait-il par hasard fait aujourd'hui l'école buissonnière ! Il est vrai que son maître de pension a été malade ces jours derniers, et qu'il a été obligé de prendre deux jours de repos et de donner vacance à ses élèves ; mais ils ont dû rentrer hier, et, s'il y avait eu un nouveau congé aujourd'hui, j'en aurais été averti. Il faudra que je vérifie cela tout à l'heure. En attendant, causons un peu de nos affaires. »

Notre entretien dura une heure ; puis, quand nous fûmes tombés d'accord de nos faits, nous remîmes au lendemain et aux jours suivants pour traiter des nouvelles acquisitions dont j'avais besoin. Notre conférence étant terminée, je me disposais à me retirer, quand M. Morel insista vivement pour me retenir à dîner.

« Ce sera, me dit-il, un dîner de garçon, car ma femme et ma fille sont à la campagne et ne doivent revenir qu'après les fêtes de la Toussaint. Vous me rendrez donc un véritable service en voulant bien me tenir compagnie ; et puis je ne serais pas fâché d'éclaircir devant vous l'affaire de maître Edmond ; vous m'aiderez à lui donner une bonne leçon, s'il est coupable, et si par hasard vous vous étiez trompé, je serais bien aise de vous entendre reconnaître votre erreur. »

Je ne pus me refuser à une invitation si pressante, et, dans le fond, j'étais assez curieux de savoir comment Edmond se justifierait, car j'étais plus que jamais persuadé que je ne m'étais pas trompé.

« Nous dînerons à six heures précises, me dit M. Morel ; mais d'ici là, je désirerais aller à la pension de mon fils, pour savoir s'il s'est réellement absenté aujourd'hui ; puis je dois une visite à M. Bertin, et je ne serais pas fâché de m'acquitter de ce devoir par la même occasion. Voulez-vous m'attendre ici ? je ne serai absent qu'une demi-heure, trois quarts d'heure au plus.

— Volontiers, répondis-je ; car, avec votre permission, je profiterai de ce temps-là pour écrire quelques lettres pressées. »

Il m'installa aussitôt dans son bureau, et partit.

J'achevais à peine ma correspondance, qu'il était déjà de retour. Son air soucieux, préoccupé, m'annonçait suffisamment qu'il avait reçu des renseignements désagréables.

« Je suis furieux ! s'écria-t-il en entrant et en jetant sur son bureau quelques papiers qu'il froissait dans sa main. Croiriez-vous que depuis plus de cinq mois je suis, ou plutôt nous sommes, M. Bertin et moi, les jouets de ce morveux, de ce méchant drôle d'Edmond. Encore moi, cela peut se concevoir et s'expliquer jusqu'à un certain point ; avec mes affaires qui me tiennent l'esprit préoccupé du matin au soir, il ne m'est guère possible de veiller continuellement sur la conduite de mon fils ; mais M. Bertin, qui, par état, est chargé de cette surveillance, lui à qui j'ai confié pour cela une partie de mon autorité paternelle, lui qui devrait connaître et déjouer toutes les ruses des écoliers, se laisser tromper aussi sottement..., aussi bêtement (oui, le mot n'est pas trop fort) qu'il l'a fait, voilà qui est impardonnable !

— Ainsi Edmond n'est pas allé à la pension aujourd'hui, et c'est bien lui que j'aurai vu tantôt dans les Champs-Élysées.

— Non, il n'y est pas allé, ni aujourd'hui, ni hier, ni avant-hier, et depuis cinq mois il y manquait régulièrement à peu près une fois par semaine, et l'on ne m'en a pas averti !

— Et son maître de pension ne vous en a pas averti ? C'est vraiment singulier.

— Oh ! oui, bien singulier ; mais ce qui est plus curieux encore, c'est mon entrevue de tout à l'heure avec lui. Je vous ai dit que ma visite avait un double but : m'informer de sa santé, qui, m'avait-on dit, avait été gravement altérée ces jours derniers, et en même temps savoir si Edmond était à la pension.

« En entrant, je demande au concierge si mon fils est à la pension.

« — Non, Monsieur, il n'y est pas venu depuis trois jours.

« — M. Bertin peut-il me recevoir ? continuai-je sans paraître étonné de la réponse du concierge.

« — Certainement, Monsieur, vous le trouverez dans son cabinet. »

« Arrivé en présence du chef d'institution :

« — Quoi! c'est vous, Monsieur, s'écria-t-il; vous allez donc mieux? J'étais sur le point d'envoyer savoir de vos nouvelles.

« — De mes nouvelles? répondis-je; je n'ai pas été malade, et c'est moi qui venais savoir si l'indisposition grave que vous avez éprouvée il y a deux jours n'avait pas eu de suite.

« — De quelle indisposition voulez-vous parler? Jamais, Dieu merci! je ne me suis mieux porté.

« — Cependant vous m'avez écrit, ou plutôt votre sous-maître m'a écrit avant-hier qu'une indisposition subite, dont vous aviez été atteint pendant la nuit, vous forçait de prendre un jour de repos, et de ne pas recevoir vos élèves ce jour-là. Tenez, voilà la lettre : la reconnaissez-vous ? »

« M. Bertin prend le papier que je lui présente, et, après y avoir jeté un coup d'œil, il ouvre un des casiers de son bureau, en tire une lettre qu'il me présente à son tour, en me disant :

« — Lisez celle-ci maintenant; je la crois de la même fabrique que l'autre. »

« Quelle est ma surprise de reconnaître mon papier à lettre, avec l'en-tête, et de lire ces lignes :

« Monsieur, je suis en proie à une af-
« freuse migraine, qui ne me laisse pas un
« instant de repos et ne me permet ni de
« lire ni d'écrire; ma femme et ma fille
« étant absentes, j'ai besoin de garder
« Edmond auprès de moi pour me lire ma
« correspondance particulière et m'écrire
« quelques notes. »

« Puis ma signature, ou plutôt ma griffe, termine la lettre.

« — C'est ce polisson d'Edmond qui a fabriqué cette lettre, et vous vous y êtes laissé tromper! dis-je avec vivacité.

« — Eh! vous vous êtes bien laissé tromper, me répond flegmatiquement M. Bertin, par la prétendue lettre et la fausse signature de mon sous-maître. Du reste, votre signature est si bien imitée, que tout autre qui la connaîtrait comme moi y aurait été trompé de même, et encore, plus je l'examine, plus j'ai de peine à comprendre que ce ne soit pas là réellement votre signature, tant l'imitation est parfaite.

« — Eh! sans doute, l'imitation est parfaite, me suis-je écrié, puisque c'est la griffe dont je me sers pour signer mes circulaires et d'autres pièces qui n'exigent pas ma signature réelle et authentique. Ce misérable enfant a eu l'audace de s'en emparer et d'en faire usage pour nous induire en erreur ; mais il me paiera cher un tel abus de confiance, et je vous garantis qu'il ne sera pas tenté désormais de recommencer.

« — Malheureusement, reprend M. Bertin, je crains bien que cette épître ne soit pas le coup d'essai d'Edmond ; votre explication me donne maintenant des doutes sur d'autres lettres de même origine que j'ai reçues à différentes époques, avant les vacances dernières. Tenez, ajouta-t-il en prenant dans un carton un paquet de lettres qu'il me remit, vérifiez si celles-ci portent aussi votre griffe ou votre signature réelle. »

« Je jette un coup d'œil rapide sur ces papiers, et je reconnais que ce sont autant de prétendues demandes de ma part pour obtenir un jour de congé pour Edmond, sous différents prétextes, plus ou moins sérieux ou futiles.

« — Oh! ceci est par trop fort! me suis-je écrié avec indignation : comment! vous, Monsieur, un homme sérieux, un homme habitué depuis de longues années à toutes les petites rouéries de la jeunesse, vous avez pu être dupe de la ruse grossière d'un enfant!... Mais la fréquence de ces lettres, écrites sur un papier dont je ne me sers que dans ma correspondance commerciale, et jamais dans ma correspondance privée (ce que vous ne devez pas ignorer, car je vous ai souvent écrit, et jamais sur ce papier), aurait dû vous paraître suspecte. Et la forme identique de chaque signature ne devait-elle pas vous faire apercevoir au premier coup d'œil que ces signatures provenaient d'une empreinte gravée, et qu'elles n'étaient et ne pouvaient être tracées à la main?

« — Que voulez-vous, m'a-t-il répondu d'un air bonhomme, je m'y suis laissé prendre, parce que j'étais à mille lieues de soupçonner un enfant de l'âge de votre fils capable d'une pareille fourberie. »

« Ce calme, je l'avoue, m'a mis hors des gonds, et je lui ai répondu avec une colère mal contenue :

« — Et moi, Monsieur, j'étais loin de vous soupçonner capable de si peu de perspicacité ; je vous déclare qu'une si grande facilité à vous laisser tromper diminue considérablement la confiance que vous m'inspiriez, et que je suis tout disposé à retirer mon fils de votre établissement.

« — Et moi tout disposé à vous le rendre, a-t-il riposté en s'animant cette fois : car, après la découverte que je viens de faire, je ne voudrais pas garder un jour de plus un pareil mauvais sujet dans ma maison.

« — D'accord, ai-je répondu ; Monsieur, j'ai bien l'honneur de vous saluer. »

« Et je suis sorti furieux.

« En montant dans mon cabriolet, qui m'attendait à la porte, je me suis fait conduire aux Champs-Élysées, au café chantant où vous aviez vu entrer Edmond; il n'y était plus, fort heureusement pour lui; car si je l'y eusse rencontré, je l'aurais écrasé. De là je suis revenu immédiatement ici, désolé de vous avoir laissé seul si longtemps, et de vous rendre encore témoin de cette fâcheuse scène d'intérieur. »

Je cherchai à le calmer; mais pendant quelque temps je ne pus y parvenir. Il se promenait à grands pas dans la chambre en répétant :

« Où peut-il être en ce moment? Où peut-il passer son temps, avec les mauvais sujets qu'il a choisis pour compagnons? Croyez-vous, Monsieur, qu'il n'y ait pas de quoi faire perdre la tête à un malheureux père?

— Je conviens que cela doit beaucoup vous inquiéter; mais enfin, maintenant que vous connaissez le mal, vous allez y apporter remède.

— Oh! oui, certes, et un remède dont il gardera longtemps le souvenir, je vous en réponds. Je vais le fourrer en prison, dans une maison de correction, jusqu'à sa majorité.

— Ce serait pousser trop loin la sévérité, permettez-moi de vous le dire, et il me semble qu'il serait suffisamment puni si vous l'envoyiez en province, dans une pension bien tenue, où vous le recommanderiez d'une manière toute particulière. Au moins là il achèverait son éducation, et il ne serait plus exposé aux dangers qu'il court à Paris.

— Je serais de votre avis s'il ne s'agissait ici que de simples escapades d'écolier; mais avoir abusé à ce point de ma confiance, être allé jusqu'à commettre de véritables faux, c'est quelque chose d'inouï, d'infâme, et qui mérite une répression sévère, capable de lui inspirer une crainte salutaire pour l'avenir.

— Sans doute, repris-je, le fait par lui-même est grave; mais avait-il la conscience de sa gravité? Vous savez que lorsque des délinquants de l'âge de votre fils sont appelés devant la justice à rendre compte de leurs fautes, on pose avant tout la question de savoir s'ils ont agi ou non avec discernement. Bien certainement cette question serait résolue négativement dans ce cas à l'égard d'Edmond : on l'acquitterait donc, et on vous le rendrait en vous recommandant de veiller avec plus de soin sur sa conduite. En effet, si de bonne heure on eût fait comprendre à cet enfant ce qu'il y a de honteux, d'infâme même, comme vous le dites fort bien, dans tout ce qui a pour objet de tromper, d'abuser de la confiance ou de la crédulité, il est probable qu'Edmond ne se serait pas rendu coupable des actes que vous lui reprochez à juste titre.

— Ce que vous dites me paraît vrai; mais les affaires ne me permettent pas de m'occuper de l'éducation de mon fils, et j'avais fait ce qu'en pareil cas font la plupart des pères de famille, j'avais confié son éducation à un homme qui me paraissait offrir toutes les garanties désirables. Malheureusement j'ai été trompé; car il est certain que si cet imbécile de maître de pension avait eu un peu de cette intelligence que sa longue expérience aurait dû lui donner, dès la première fois, ou tout au moins dès la seconde qu'Edmond lui a présenté ces lettres, il n'aurait pas eu la bêtise de s'y laisser prendre; il m'eût fait à l'instant son rapport, et nous lui aurions immédiatement infligé une correction telle, que le drôle n'eût pas été tenté de recommencer.

—Je ne veux pas, Monsieur, prendre ici

la défense de M. Bertin, que je ne connais nullement. Cependant il y a peut-être moins de sa faute que vous ne le croyez. Il ne pouvait pas soupçonner, comme il vous l'a dit, que votre fils fût capable de commettre une pareille action; mais vous, Monsieur, je vous le dirai franchement, — et l'amitié que j'ai pour vous comme l'intérêt que je porte à votre enfant me feront excuser ma franchise, — vous auriez dû le prévoir, ou du moins ne pas en être autant étonné.

— Moi! Monsieur, s'écria M. Morel en tressaillant comme si je l'avais piqué au vif; que voulez-vous dire? Je ne vous comprends pas. » Et, en disant ces mots, il cessa d'arpenter le salon comme il faisait depuis son retour; il vint s'asseoir sur un fauteuil en face de moi, et là, me regardant en face, il répéta ma dernière phrase : « Comment! j'aurais dû, selon vous, prévoir ce qui arrive, ou n'en pas être étonné?

— Sans doute; car moi qui suis loin de connaître Edmond comme vous qui êtes son père, moi qui ne l'ai vu qu'une fois il y a sept mois, je ne dis pas que j'aurais prévu l'événement d'aujourd'hui, mais j'affirme qu'il ne me surprend pas du tout.

— Je vous comprends de moins en moins; veuillez, je vous prie, vous expliquer plus clairement.

— C'est ce que je vais tâcher de faire. Pendant les quelques heures que j'ai vu votre fils le jour où j'ai eu l'honneur de dîner chez vous pour la première fois, j'ai remarqué dans cet enfant une propension fâcheuse à débiter toutes sortes de gasconnades et de bourdes, et à prendre ainsi, sans s'en apercevoir, l'habitude de faire des mensonges à tout propos, en toute occasion. J'ai remarqué en outre, permettez-moi de vous le dire avec ma franchise ordinaire, que, loin de réprimer ce mauvais penchant, Mme Morel et vous, vous étiez les premiers à rire de ses contes, à applaudir à ses histoires les plus fantastiques. Eh bien, c'était l'encourager dans cette voie dangereuse ; et vous ne devez pas être surpris qu'après avoir ri des tours plus ou moins ingénieux qu'il se vantait, peut-être même par fanfaronnade, d'avoir joué à différentes personnes, il ait cru pouvoir, sans grande conséquence, vous en jouer un à vous-même.

— Quoi! vous pouvez supposer que ces enfantillages, ces historiettes qu'il nous racontait avec une certaine verve, et dont nous nous amusions effectivement, aient été la cause qui l'a entraîné à se livrer à des actes aussi graves que ceux que j'ai à lui reprocher aujourd'hui? Allons, ce n'est pas possible, et ce n'est pas sérieusement que vous dites de pareilles choses.

— Très-sérieusement, mon cher monsieur Morel. L'habitude de mentir lui avait donné un aplomb au-dessus de son âge, et en voyant ses contes écoutés et applaudis, son esprit s'est tourné facilement à l'idée de faire des dupes de ses auditeurs : témoin votre ancien caissier Bernard, qu'il a passablement joué, sous prétexte de lui faire avaler un poisson d'avril.

— Ah! vous me rappelez un fait fort désagréable par ses suites, et que l'enfant était loin sans doute de prévoir; mais vous devez vous rappeler aussi que j'étais moi-même disposé à punir sévèrement Edmond de s'être permis de jouer d'une manière ridicule ce vieillard estimable.

— Oui; mais une feinte maladie, dont Mme Morel et vous-même avez été dupes, vous a empêché de donner suite à vos projets d'une juste correction, qui eût peut-être empêché les résultats désagréables dont vous avez eu à vous plaindre plus tard. Comprenez-vous maintenant qu'enhardi par tant d'indulgence, votre fils ait cru pouvoir tromper son maître de pension et vous tromper vous-même? Il se sera dit : C'est un tour comme ceux dont mes parents ont ri tant de fois. Si l'on ne s'en aperçoit pas, je me serai amusé impunément, et je pourrai plus tard me glorifier de cette invention comme d'une de mes belles prouesses d'écolier; si l'on s'en aperçoit, on ne pourra toujours pas me gronder bien sévèrement. Et voilà pourquoi je vous ai dit que vous ne deviez pas être aussi étonné que vous l'êtes de ce qui arrive aujourd'hui. »

M. Morel, après m'avoir écouté jusqu'au bout, se leva de nouveau, fit quelques tours dans la chambre sans parler, puis, revenant près de moi, il me dit, cette fois d'un ton tout à fait calme :

« Je conviens qu'il peut y avoir beaucoup de vrai dans vos observations; mais en concluez-vous que je doive me montrer encore indulgent et rire de cette nouvelle fredaine?

— Non pas, repris-je vivement, ma conclusion est toute différente : vous devez, au contraire, vous montrer sévère et punir; mais vous devez punir en père, sans emportement, sans colère, et de manière à laisser un accès au repentir et au pardon, puis prendre les mesures nécessaires pour corriger dans votre fils un malheureux défaut qui l'entraînerait à sa perte.

— Allons, mon ami, répondit M. Morel en me serrant la main, je m'abondonne à vos conseils. En attendant le retour d'Edmond, nous allons dîner, et nous entendre sur la manière dont je le recevrai quand il se présentera devant moi. Je désire que vous assistiez à cette entrevue, parce que votre présence, j'en suis persuadé, fera sur lui une certaine impression. »

Je consentis au désir de M. Morel, non par le motif qu'il me donnait de l'influence que je pouvais exercer sur son fils, mais plutôt parce que je pensais que ma présence exercerait une certaine influence sur le père et le retiendrait dans les bornes de la modération; car, d'après la connaissance que j'avais de son caractère emporté, il était à craindre que dans le premier moment il ne se livrât à quelque acte regrettable de violence.

Le dîner se passa fort paisiblement; M. Morel essaya même de montrer de la gaieté; mais il était facile de voir qu'elle était forcée, et qu'une pensée pénible préoccupait son esprit.

Après le repas, nous passâmes au salon, où nous continuâmes à nous entretenir tranquillement, jusqu'au moment où Françoise vint avertir son maître qu'Edmond venait de rentrer ramené par Bastien, mais qu'en apprenant qu'il y avait un étranger avec son père, il n'avait pas osé se présenter au salon, et qu'il était monté dans sa chambre se coucher, parce qu'il se sentait fatigué.

« Françoise, dit aussitôt M. Morel, va

sur-le-champ dire à Edmond qu'il vienne, que je l'exige, parce qu'il y a ici un de mes amis qui doit partir demain et qui tient absolument à le voir ce soir. En passant, dis à Bastien de venir me parler tout de suite. »

Un instant après le cocher entra, l'œil brillant, la mine effrontée.

« C'est vous, lui dit M. Morel, qui avez ramené mon fils de la pension? Est-ce qu'il est réellement malade, qu'il n'a pas voulu venir ici?

— Oh! non, Monsieur, un bobo, ou plutôt comme sa toilette était un peu... négligée, il n'a pas voulu se présenter ainsi devant un étranger. Ça a déjà de l'amour-propre, que voulez-vous!

— Est-ce vous qui l'avez conduit à sa pension ce matin?

— Oui, Monsieur, et hier aussi, et avant-hier également, et qui l'ai été chercher chaque soir.

— C'est très-bien. Avez-vous eu des nouvelles de la santé de M. Bertin?

— Oui, Monsieur; oh! il va beaucoup mieux : hier il était encore un peu souffrant; mais aujourd'hui il est tout à fait guéri.

— Bien. Allez dire à mon fils qu'il se dépêche; il n'a pas besoin de changer de toilette; Monsieur sait bien ce que c'est qu'une tenue d'écolier. »

Lorsque Bastien fut sorti, M. Morel me dit :

« Voilà un drôle qui m'a tout l'air d'être le complice d'Edmond.

— Je le crois aussi, » répondis-je.

Tandis que nous échangions ces réflexions, Bastien rencontrait Edmond, qui se dirigeait lentement, et la tête basse, vers le salon, comme s'il eût été agité d'un pressentiment funeste. Le cocher lui dit à demi-voix : « Tout va bien : le patron ne se doute de rien; quittez cet air de *de profundis*, ou vous allez vendre la mèche... Allons, morbleu! allez-y gaiement...; de l'aplomb, de l'assurance, et je vous garantis le succès. »

Malgré des paroles si rassurantes, Edmond avait l'oreille basse en entrant dans le salon. Son père, pour l'encourager, lui dit en souriant :

« Avance donc, mon garçon, et viens saluer Monsieur, qui te porte beaucoup d'intérêt, et qui n'a pas voulu partir sans te voir. Est-ce que tu ne le reconnais pas?

— Oh! si papa, reprit-il avec assurance; je reconnais bien Monsieur, il a dîné chez nous dans le temps des vacances de Pâques, et il se nomme M. Gervais.

— Bien, mon ami, repris-je; je vois que vous avez bonne mémoire; c'est une qualité excellente chez un écolier, et qui doit vous faire faire des progrès dans vos classes.

— Aussi, reprit le père, je pense qu'il

n'est pas en retard dans ses études; vous êtes plus capable d'en juger que moi, qui n'ai jamais suivi les classes d'un collége. Ainsi, pour donner à Monsieur une idée de tes travaux, et à quel point tu es avancé, dis-nous ce que tu as fait aujourd'hui en classe. »

De plus en plus rassuré par ce langage calme et l'air souriant de son père, Edmond répondit du ton le plus naturel et sans la moindre hésitation :

« Aujourd'hui j'ai expliqué un chapitre de Cornelius Nepos, et un dialogue des Morts de Lucien; puis j'ai fait un thème latin, et une version grecque d'une fable d'Ésope.

— Et hier?

— Ah! hier, c'était la leçon d'histoire et de géographie. J'ai récité une leçon de l'Histoire sainte, puis j'ai écrit mon résumé de l'histoire romaine sous les rois, puis j'ai répondu aux questions que M. Bertin m'a adressées sur la géographie de la Terre-Sainte avant la dispersion des tribus.

— Ainsi c'est M. Bertin qui t'a interrogé hier; il ne se sent donc plus de son indisposition?

— Non, papa.

— Est-ce lui qui a fait encore la classe aujourd'hui?

— Oui, papa; c'est lui qui m'a fait expliquer Quinte-Curce cette après-midi.

— Ah! vous voyez donc bien, monsieur Gervais, dit M. Morel en m'adressant la parole, que vous vous étiez trompé. Figure-toi, reprit-il en s'adressant à Edmond, que tantôt M. Gervais, en traversant les Champs-Élysées, a cru te reconnaître au milieu de trois ou quatre jeunes gens de ton âge qui entraient dans un café chantant. Je lui ai répondu qu'il s'était trompé, d'abord parce que tu ne te permettrais pas de fréquenter ces sortes de lieux publics, ensuite parce qu'à l'heure où il prétendait t'avoir vu, tu étais à ta pension, ce qui est bien vrai, puisqu'à cette heure même M. Bertin te faisait expliquer un de tes auteurs latins. Alors il est probable qu'il aura pris pour toi, ainsi que je le lui ai déjà fait observer, quelqu'un qui te ressemble beaucoup. »

Au moment où son père avait parlé de ce que j'avais vu ou cru voir aux Champs-Élysées, Edmond pâlit, baissa les yeux, et toute son assurance parut l'abandonner. Cependant, comme M. Morel n'y fit pas ou ne parut pas y faire attention, et qu'il expliqua du ton le plus naturel comme quoi j'avais dû être induit en erreur, Edmond s'imagina que son père avait pris le change, et s'attachant à cette idée, comme un noyé qui se rattrape au premier objet qu'il peut saisir, il répondit avec assez d'aplomb :

« Oui, cela est probable; on commet facilement de ces erreurs, et cela m'est arrivé à moi-même il n'y a pas longtemps.

— Eh bien! qu'en dites-vous, monsieur Gervais? reprit M. Morel; maintenant vous reconnaissez sans doute que vous vous êtes trompé?

— Avant d'avoir vu ici votre fils, vous m'aviez fait naître des doutes; mais maintenant, plus je le regarde, plus je suis convaincu que c'est lui que j'ai aperçu tantôt, comme je vous l'ai dit, et ma conviction subsistera jusqu'à ce que l'on me montre un autre jeune homme de même taille, de même figure, et vêtu exactement de même avec ce pantalon à carreaux, cette jaquette brune et cette toque écossaise que je vous ai signalés.

— Cependant, comment voulez-vous qu'il se soit trouvé en même temps à sa pension et aux Champs-Élysées? Il n'est pas, que je sache, doué du privilége d'ubiquité.

— Je n'explique pas le fait, je le constate, voilà tout.

— Et toi, Edmond, pourrais-tu nous

'expliquer? » dit M. Morel d'un ton ironique.

Le pauvre Edmond commençait à être sur les épines. Il répondit en balbutiant :

« Non..., je ne le pourrais pas...; à moins que... Il y a des ressemblances extraordinaires...

— Assez, reprit M. Morel en l'interrompant; je conçois que cette explication t'embarrasse; mais voici autre chose que tu pourras m'expliquer plus facilement. Pourrais-tu me dire d'où vient cette lettre, qui l'a écrite, et dans quel but elle a été fabriquée? » Et en même temps il lui mettait sous les yeux la lettre adressée à M. Bertin, et dans laquelle M. Morel était supposé lui écrire pour lui annoncer qu'en raison de sa migraine, il gardait Edmond auprès de lui pour lui servir en quelque sorte de secrétaire intime, en l'absence de sa femme et de sa fille.

La vue de ce papier fit sur Edmond l'effet

de la tête de Méduse. On eût dit qu'il était pétrifié. Il pâlit de nouveau, baissa la tête et ne répondit rien.

M. Morel lui mit successivement sous les yeux toutes les lettres portant l'empreinte de sa griffe, que lui avait remises M. Bertin, en lui disant à chacune : « Et celle-ci, la connais-tu? Pourrais-tu aussi m'en expliquer l'origine et le but? Et cette autre qui porte la fausse signature du sous-maître, et qui m'annonce une indisposition subite de M. Bertin, pourrais-tu me dire qui a imaginé cette prétendue maladie ainsi que la mienne?»

Et comme Edmond continuait à garder un silence obstiné, interrompu seulement de temps en temps par de profonds soupirs, son père, s'animant par degrés, finit par lui dire avec l'accent de la colère : « Voyons, misérable, me répondras-tu à la fin? Me feras-tu entendre au moins un mot de vérité après m'avoir si longtemps abusé par tes mensonges?... Au fait, reprit-il après un moment de silence, que pourrais-tu dire pour te justifier? Rien, que de nouveaux mensonges, et, Dieu merci! j'en ai assez de ceux que tu as entassés tout à l'heure pour établir ta présence à la pension, tandis que depuis trois jours tu n'y a pas mis les pieds. J'ai vu M. Bertin aujourd'hui, c'est lui-même qui m'a remis ces lettres, et en apprenant que tu avais employé un pareil moyen pour le tromper, il m'a déclaré qu'il t'expulsait de sa maison, parce qu'il ne voulait pas y conserver un élève qui la déshonorerait. Et maintenant, que veux-tu que je fasse de toi? Que je te replace dans une autre pension pour y recommencer tes incartades, et m'exposer à de nouvelles humiliations? Non, non, j'ai assez souffert aujourd'hui, et il y a trop longtemps que je suis ta dupe. Pour en finir, je veux te placer où l'on met ceux qui te ressemblent, les trompeurs et les faussaires, puisqu'il faut dire le mot. Demain, je te conduirai dans une maison de correction, dans une prison, où tu resteras jusqu'à ce que tu aies expié ta faute et que j'aie acquis la certitude que tu es corrigé. »

A ces mots, le pauvre Edmond, qui avait paru jusque-là écouter, sans trop la comprendre, la mercuriale de son père, éclata en sanglots et en gémissements.

Je crus alors le moment venu d'intervenir.

« Monsieur Morel, dis-je au père, vous voyez les regrets et la douleur de votre fils, ne soyez pas impitoyable; je suis sûr qu'il se repent de tout son cœur de ses fautes, et qu'il forme la résolution de n'y plus retomber.

— Bah! répondit le père d'un air qu'il s'efforçait de rendre indifférent, vous êtes sa dupe, vous aussi! On voit bien que vous ne le connaissez pas. Savez-vous ce qui cause ces larmes et ces sanglots? Eh bien, c'est uniquement l'idée de se voir demain enfermé entre quatre murailles, et condamné au pain et à l'eau. S'il était pénétré, ajouta-t-il d'un ton qui trahissait une émotion contenue, des sentiments que vous lui supposez, est-ce qu'il n'aurait pas déjà trouvé une parole de repentir? Est-ce qu'il ne m'aurait pas fait un aveu complet de ses fautes, et ne m'en aurait-il pas imploré le pardon? Ne sait-il pas que le cœur d'un père est toujours disposé à pardonner à un fils vraiment repentant et qui prend la ferme résolution de se corriger? »

A peine achevait-il ces paroles, qu'Edmond se précipitait à ses genoux en criant :

« Pardon, papa, pardon, je vous en conjure! Oh! oui, je me repens de tout mon cœur de ce que j'ai fait, et je vous promets de ne jamais recommencer.

— Eh bien, m'écriai-je, vous voyez que je ne m'étais pas trompé, et que j'avais bien interprété ses sentiments; je me porte garant de leur sincérité, et maintenant refuserez-vous un pardon que je vous demande aussi pour lui? »

M. Morel, faisant de nouveaux efforts pour cacher son émotion, me répondit :

« Je serais assez disposé à vous accorder votre demande; mais pour que celui en faveur de qui vous sollicitez ce pardon en soit réellement digne, il faut qu'il remplisse une condition essentielle, condition que Dieu exige lui-même pour accorder le pardon aux pécheurs : c'est l'aveu sincère et complet de tout ce qu'il a fait depuis le jour où il a eu la coupable pensée de se servir de mon nom et de l'imitation de ma signature pour commencer ses escapades.

— Oh! cela est on ne peut plus juste, repris-je, et je suis persuadé qu'Edmond n'hésitera pas à donner à son père cette preuve de la sincérité de son repentir. »

Edmond, qui s'était remis un peu de sa

frayeur en voyant son père disposé à lui pardonner, se montra déterminé à se soumettre à toutes les conditions qu'il exigeait. Il commença donc le récit de toutes ses fredaines, depuis le jour où il avait assisté à un baptême et à une fête à Bougival, sur l'invitation de son ami Norbert, jusqu'à la visite qu'il avait faite le jour même au café chantant des Champs-Élysées avec quelques-uns de ses camarades. Il parla de la revue qu'il était allé voir au Champ-de-Mars avec ces mêmes amis, et de la frayeur qu'il avait éprouvée lorsqu'il s'était trouvé presque en face de son père et qu'il avait été aperçu par le cocher Bastien. Puis il raconta comment, depuis ce temps-là, il avait acheté le silence de celui-ci, qui avait fini par devenir son complice et favoriser ses dernières escapades; car les jours où il devait faire l'école buissonnière, c'était Bastien qui se chargeait de le conduire à la pension et de le ramener : c'est-à-dire qu'il se contentait le matin de le conduire à une certaine distance de la maison, puis il le laissait aller où il voulait, et le soir il l'attendait dans un cabaret, où Edmond allait le rejoindre, et ils revenaient ensemble à la maison.

Plus tard, M. Morel contrôla tous les récits de son fils, et il se convainquit de leur scrupuleuse exactitude. Je n'ai pas besoin de vous dire que dès le lendemain Bastien fut renvoyé.

M. Morel pardonna à son fils, mais à condition que jamais il ne le surprendrait à mentir. Edmond le promit, et il a tenu parole; car je l'ai connu jeune homme, je l'ai connu homme fait, et je l'ai toujours retrouvé pénétré d'horreur pour le mensonge. Il m'a souvent répété, en m'en faisant les plus vifs remercîments, que j'avais beaucoup contribué à le corriger de ce honteux défaut; il me disait encore que jamais, dans aucune circonstance de sa vie, il n'avait éprouvé une angoisse semblable à celle qu'il avait ressentie quand son père lui avait montré les fausses lettres qu'il avait écrites, et que chaque fois que ce souvenir lui revenait à l'esprit, il sentait encore la rougeur lui monter au front.

FIN

TABLE

Prologue dialogué. 7

Chapitre I. — Le poisson d'avril. 23

— II. — Les suites d'un poisson d'avril. . . 51

— III. — Les escapades d'Edmond. 71

— IV. — La découverte imprévue. 101

www.ingramcontent.com/pod-product-compliance
Lightning Source LLC
Chambersburg PA
CBHW060136100426
42744CB00007B/803